L'AMI
DES OUVRIERS,

PAR

J. OURADOU, Tailleur.

CARCASSONNE,

IMPRIMERIE DE C. LABAU, RUE 24 FÉVRIER.

1850.

On trouvera cet opuscule, à Carcassonne, chez l'Editeur C. Labau, imprimeur, ou chez l'Auteur.

INTRODUCTION.

Le but que je me propose, mes amis, clairement indiqué par le titre même de ma publication, c'est de travailler au bonheur, et je pourrais même dire, au salut de la société; car les dangers qui la menacent vont jusqu'à compromettre son existence. On n'en veut plus à telle forme de gouvernement, à telle institution politique, on attaque les bases mêmes, c'est-à-dire les conditions essentielles de l'ordre social; car on s'est mis à démolir, de fond en comble, les antiques traditions de nos pères, de telle sorte que tout est extrême dans les dangers que nous courons.

Déjà la civilisation a fait de grands pas en arrière. Les instincts de haine, de vengeance et de sang se sont développés avec une énergie désespérante. Si nous descendons encore quelques degrés, nous tombons sous la domination des passions brutales, où le pauvre comme le riche sera obligé de lutter à toute heure pour défendre sa vie.

A qui la faute? à nous, mes amis, qui nous laissons guider par l'erreur et le mensonge.

Une grande expiation est nécessaire. A l'heure qu'il est, Dieu nous secoue, Dieu nous agite pour faire jaillir le bien et jeter le mal de côté. Mais, mes amis, aidons-nous les uns le autres, si nous voulons que la Providence nous aide; autrement Dieu brisera la France comme un vase empoisonné; il prononcera sur nous cette inexorable malédiction tombée sur le front du premier qui viola la loi de vie.

Mais, non, cet avenir ne sera pas le tien, ô mon pays!

Le peuple est, malgré tout, toujours avide de vérité. On a beau soulever ses passions, violenter sa nature, l'enivrer de poison, l'on ne détruira jamais complètement ce sentiment impérissable en lui, cet instinct moral qui est comme un dernier vestige de la tradition divine. Il s'agit donc de réveiller les nobles élans de son âme, et lui dire toute la vérité.

Puisque le peuple est appelé, par le suffrage universel, à une grande part dans les choses publiques, il ne faut pas craindre de l'initier aux questions vitales, aux dangers dont la société est menacée. Il n'est pas de vérité trop haute pour lui; ce qu'il ne comprend pas par défaut de culture, il le comprend par le sens intime, par l'instinct de l'âme. Ce qui ne pénètre pas en lui par la tête, par l'intelligence, entre par le cœur, par le sentiment; il faut, non pas abaisser la vérité, mais élever le peuple à la hauteur de la vérité; quelque langue que vous lui parliez, il la comprendra, pourvu qu'elle soit l'expression sincère du bien.

L'unique tâche des hommes voués de cœur à leur pays, est d'éclairer la situation et de montrer la véritable route à ceux qui s'égarent; beaucoup se trompent qui ne le savent pas; dans cette nuit, il est du devoir de tous d'apporter sa lumière, quelque faible qu'elle soit. Le jour jaillira peut-être de toutes ces lueurs éparses : le foyer vers lequel elles doivent converger et se concentrer, c'est le peuple.

Le mal est au cœur : c'est donc au cœur qu'il faut se hâter de porter le remède.

C'est dans cette pensée que je publie ces pages, simples enseignements d'un ouvrier à ses amis.

L'AMI DES OUVRIERS.

L'homme ne peut se soustraire à l'idée du devoir, il ne peut s'empêcher de sentir l'importance de cette pensée. Le devoir est inséparable de notre être; nous en sommes avertis par la conscience, au premier instant où nous avons l'usage de la raison; nous en sommes avertis plus énergiquement dès que la raison se fortifie, et toujours d'une manière plus vive, à mesure qu'elle se développe davantage; nous en sommes encore avertis par tout ce qui est hors de nous, puisque tous les êtres sont régis par une loi harmonique et éternelle, et que tous, par leur destination, sont coordonnés, pour exprimer la sagesse et exécuter la volonté de l'Être qui est cause et fin de toute chose.

L'homme aussi a une destination, une nature. Il faut qu'il soit ce qu'il doit être ; autrement, il n'est pas estimé des autres, il ne s'estime pas lui-même, il n'est pas heureux : sa nature est d'aspirer à la félicité, et de comprendre et sentir qu'il ne peut y arriver qu'autant qu'il est bon, c'est-à-dire autant qu'il est ce qu'exige son bien, en harmonie avec le système de l'univers, et les desseins de Dieu.

Ainsi, pour l'homme, être ce qu'il doit être, est en même temps la définition du devoir et de la félicité. La religion donne à cette vérité une expression sublime, en disant que l'homme est créé à l'image de Dieu. Son devoir et sa félicité sont de vouloir être cette image, de ne pas vouloir être autre chose, de vouloir être bon parce que Dieu est bon, et qu'il lui a donné pour destination de s'élever à toutes les vertus et de ne faire qu'un avec lui.

Le premier de nos devoirs est d'aimer la vérité et de croire en elle.

La vérité c'est Dieu; aimer Dieu et aimer la vérité ne sont qu'une même chose.

Armons-nous de force, ô mes amis, pour vouloir la vérité ; ne nous laissons pas éblouir par la fausse éloquence de ces hommes furieux qui s'ingénient à semer partout l'anarchie et le désordre.

La raison devient inutile et même nuisible lorsqu'elle s'applique à combattre le vrai, à le décréditer, à soutenir d'ignobles hypothèses; lorsque de l'existence des maux répandus sur la vie, elle tire des inductions désespérées et nie que la vie soit un bien; lorsque, d'après l'énumération de quelques désordres apparents dans l'univers, elle ne veut pas y reconnaître un ordre; lorsqu'elle traite de songe la distinction entre le vice et la vertu; lorsqu'elle ne veut voir dans l'homme qu'une brute, et n'y veut voir rien de divin.

Si l'homme et la nature, mes amis, étaient chose si abominable et si vile, pourquoi perdrions-nous notre temps à raisonner, il faudrait se donner la mort ; la raison ne pourrait conseiller autre chose.

Méfiez-vous donc, mes amis, des ces doctrines perverses qui semblent parler à vos intérêts, et qui, en réalité, ne soulèvent que vos passions et vous poussent à votre ruine; méfiez-vous de ces hommes qui vous tendent la main, se disant les amis du peuple, les amis du pauvre : il n'y a d'autre ami du pauvre que celui qui fait le bien et et qui respecte les droits d'autrui ; méfiez-vous de ces hommes qui ont toujours dans la bouche les mots de liberté et d'égalité; ces mots sont sur leur lèvres, mais non dans leur cœur : sous ces paroles sonores ils cachent le plus affreux des despotismes, la domination de la force sur la misère ; méfiez-vous, enfin, de ces hommes qui ne vous parlent que de vos droits, jamais de vos devoirs.

Ces hommes vous trompent, ils vous excitent contre le riche; et cependant le premier devoir du pauvre est de respecter la propriété du riche, comme le premier devoir du riche est de soulager par tous les moyens qui sont en son pouvoir la position du pauvre laborieux.

Ici, mes amis, je suis bien aise d'être présenté aux disciples de M. Proudhon, par un de leurs amis les plus intimes, puisqu'il est aujourd'hui leur représentant à l'Assemblée nationale. Avec cette garantie, je cours quelque chance d'être écouté, en formulant la nécessité de la religion pour le bonheur social. Que de magnifiques témoignages ne rend pas cet ange déchu du catholicisme à cette religion chrétienne, où il avait puisé, comme à une source vive, la pureté, l'amour et le génie, triple rayonnement de sa vie première! les paroles d'un croyant, le livre du peuple, une voix de prison, œuvre d'un cœur irrité et d'une imagination en délire, laissent, en dépit de sa haine, échapper çà et là, à travers leurs pages brûlantes, le trop plein de cette intelligence nourrie dans les cieux.

Oh! pourquoi faut-il qu'aujourd'hui la gloire de sa jeunesse n'envoie plus que des rayons flétris à son front ridé par le temps!

Pourtant, mes amis, vous ne savez pas encore tout ce que cette pensée a de tristesse. Lisez : « Pour être libre, il faut avant tout aimer Dieu ; car si vous aimez Dieu, vous ferez sa volonté, et la volonté de Dieu est la justice et la vérité, sans laquelle point de liberté. Pourquoi vous fatiguez-vous vainement dans votre misère? votre désir est bon, mais vous ne savez pas comment il doit s'accomplir. Retenez bien cette maxime : *Celui-là seul peut rendre la vie, qui a donné la vie ; vous ne réussirez à rien sans Dieu.* Défiez-vous des hommes qui se mettent entre Dieu et vous, pour que leur ombre vous le cache. Ces hommes-là ont de mauvais desseins. Que peut faire pour vous un homme qui n'a que sa pensée pour règle, et pour loi sa volonté, même quand il est de bonne foi et ne souhaite que le bien ? il faut qu'il vous donne sa volonté pour loi et sa pensée pour règle. Or, tous les tyrans ne font que cela. Ce n'est pas la peine de bouleverser tout et de s'exposer à tout pour substituer à une tyrannie une autre tyrannie ; car, où Dieu ne règne pas, il est nécessaire qu'un homme domine. Le règne de Dieu a sur la terre un fondement dans la foi en Dieu et la foi au Christ. (1) »

Tels sont les conseils de M. Lamennais aux peuples. Voilà ce qu'il répondait il n'y a pas bien longtemps, dans les rues de Paris, aux ouvriers qui le suivaient en l'appelant leur père. Et ne voilà-t-il pas qu'aujourd'hui d'autres prétendus amis du peuple viennent se mettre en travers pour l'empêcher d'arriver jusqu'à Dieu ! Ils ont siégé pourtant ou

(1) Lamennais, Paroles d'un croyant.

ils siégent encore à côté de M. Lamennais, ces protecteurs gagés du prolétariat, qui s'intitulent Proudhon et Pierre Leroux. Mais que disent-ils donc tous ensemble, ces trois sauveurs de la patrie, qui se serrent l'un contre l'autre, en se donnant des poignées de mains comme de chauds amis ?

Ce qu'ils disent, mes amis, eh! mais vous le savez bien.

M. Proudhon a l'audace d'annoncer à l'Assemblée constituante qu'il a détrôné la divinité, et qu'il offre pour la remplacer *sa personne, démocratique et sociale.*

Quant à M. Pierre Leroux, il n'est pas aussi ambitieux, mes amis (ne lui faites pas l'injure de le croire assez fou pour vouloir se mettre à la place de Dieu), il y a très peu de temps qu'il fit sa profession de foi à la tribune. Il comprend bien qu'une société ne peut vivre sans religion ; aussi, en veut-il une à la portée du peuple ; ce pauvre peuple à qui personne ne parle son langage. Voilà pourquoi lui, Pierre Leroux, vient lui offrir en toute simplicité une doctrine tout à la fois idéale, abstraite, morale et religieuse. C'est là que le peuple verra clair; c'est là qu'il trouvera la solution de sa secte, qui doute de tout, et la guérison de sa pauvre âme triste jusqu'à la mort; mais il est obligé de l'avouer, elle serait contraire à la solution chrétienne. (1)

Et M. Lamennais : Je ne saurais vous dire, car on assure qu'il a apostasié pour la seconde fois et qu'aujourd'hui il ne croit plus en Dieu; mais aussi l'on prétend que sa popularité a de même tourné casaque. C'est qu'enfin après tout, on se lasse. Il est un temps qu'on nous exploite et que chacun tiraille de son côté; cependant on ne se laisse pas tout-à-fait écarteler; on finit par sentir. Et vous savez, mes amis, que le sentiment amène bientôt la persuasion. L'ouvrier a son bon sens en définitive; il écoute bien tout d'abord, surtout

(1) Séance du 24 juillet 1849.

si vous lui affirmez que vous êtes son ami, et si vous lui faites de belles promesses; mais, si après lui avoir dit : celui-là seul peut rendre la vie, qui a donné la vie, vous ne réussirez à rien sans Dieu, vous ajoutez: retenez bien cette maxime ; soyez sûr, M. Lamennais, que l'ouvrier l'a retenue. Et puis lorsque le temps, les choses et les personnes ont changé et que vous avez cru, sans préjudice, bien faire de renier Dieu, et vous séparer de la religion qui vous à vu naître, en vous fondant sur les notions que la raison vous procure, de fervent chrétien que vous étiez, l'ouvrier se souviendra toujours de vos proverbes. Défiez-vous des hommes qui se mettent entre Dieu et vous, pour que leur ombre vous le cache ; ces hommes-là ont de mauvais desseins. (1) Rappelez-vous qu'il se défiera de vous ; il comprendra bien, malgré vos arguments, que, s'il y avait un Dieu en 1834, il doit y en avoir un en 1850. Vous

(1) Paroles d'un croyant.

avez beau faire, vous n'arracherez pas de son cœur le pressentiment de la divinité. Vous lui avez parlé de vengeance, il a entendu votre cri; et lorsque le jour fut venu il brisa, aux Tuileries, tous les simulacres que votre doigt lui avait marqués. Mais vous souvient-il que dans son intelligente fureur, rencontrant l'image de son Dieu crucifié pour lui, il voulut fléchir le genou, parce qu'il comprit que celui-là ne l'avait pas trompé ?

Je suis sûr, mes amis, que l'indignation vous déborde, quand vous entendez dire que de si beaux sentiments, de si nobles instincts sont livrés, en pâture, aux dévorants appétits d'une secte en délire, toujours affamée de ruines et de rénovations. Et parce qu'ils s'abriteront sous un nom usurpé, ces prétendus socialistes passeront pour les amis du peuple, tandis que des hommes qui veulent travailler obscurément et sans forfanterie à son bonheur, se voient dédaigneusement repoussés, sous prétexte qu'ils ne sont pas des leurs.

Non, mille fois non! mes amis, il est temps que justice se fasse. C'est à la vérité de parler désormais, on ne refuse plus de l'écouter.

Raisonnons un peu, la main sur le cœur : auriez-vous bien confiance à M. Proudhon, si vous le jugiez aussi impie qu'il veut le paraître? de bonne foi, vous croiriez-vous bien en sûreté au milieu d'une nation qui ne croirait pas en Dieu? malgré les plus énergiques protestations de leur dévouement à la chose publique, de leur abnégation personnelle la plus absolue, au milieu de l'égoïsme universel, oseriez-vous vous fier à des hommes qui ne vous offriraient pas la garantie d'une conscience, et qui déclineraient la sanction d'une justice à venir? Ah! il est trop notoire aujourd'hui à tout homme qui réfléchit que nous n'en serions pas où nous sommes, en fait de misères publiques et privées, si tous ceux qui ont été à la tête des affaires avaient eu un peu plus de conscience et un peu moins de philosophie. Tout le monde comprend que notre jeune République n'aurait pas eu à pleurer des larmes de sang à son berceau, si l'on avait su inspirer à tous ses enfants un peu plus de charité chrétienne et un peu moins de la fraternité du socialisme.

Honte donc et exécration éternelle à tous ces impies masqués sous de faux noms ou travestis n'importe comment, qui ont juré d'enlever à la société la seule garantie qu'il lui reste dans la foi des peuples à la religion de leurs pères! il est facile de prévoir que, si vous leur laissez porter impunément leur audace jusqu'au sanctuaire de l'âme, rien désormais ne sera sacré pour eux; et alors, adieu la société et les institutions.

Ah! ils ne viennent pas nous voir, nous ouvriers malheureux, aux moments suprêmes de notre douleur, comme nous nous voyons entre nous tous les jours; ils ne viennent pas s'asseoir au chevet de notre agonie, étancher notre soif d'amour brûlante, après les fatigues de la vie; ils ne viennent pas soutenir dans leurs mains nos têtes épuisées et lire dans nos regards nos besoins d'espérance, ces hommes qui ne veulent pas qu'on nous parle de ciel et d'avenir meilleur. Oh! qu'ils connaissent peu le peuple, qu'ils l'aiment peu!

Il est vrai que tous ne se targuent pas d'impiété au point de renier Dieu; ils comprennent la nécessité de cette croyance pour l'ordre social, et ils sentent tout ce qu'il y a de sens profond dans cette parole du poète:

Si Dieu n'existait pas, il faudrait
l'inventer.

Aussi veulent-ils en inventer un pour vous, mes amis, et le Dieu de leur façon serait un Dieu complaisant qui se prêterait à se laisser honorer comme ils l'entendent. Voilà pourquoi ils sont depuis quelque temps en travail pour enfanter une religion sociale, qu'ils ont fabriquée pour le peuple. Insensés ! qui ne savent pas qu'on ne commande pas à la foi, comme on commande à des hommes égarés, de dépaver les rues et d'élever des barricades !

Ceci une fois reconnu, bannissons courageusement toutes ces sectes effrontées et dégradantes. Faisons-nous une loi de croire au vrai, au beau et au bien.

Pour croire, il faut vouloir croire, il faut aimer fortement la vérité.

Cet amour seul peut retremper l'âme : se complaire à languir dans le doute, c'est lui ôter toute sa vigueur.

Avons-nous foi en tous les vrais principes! il faut de plus que nous nous proposions d'être constamment l'expression de la vérité dans toutes nos paroles et toutes nos aetions.

La conscience de l'homme, mes amis, ne goûte de repos que dans le vrai. Celui qui déguise sa pensée, ne fût-il pas découvert, trouve sa punition en lui-même; il sent qu'il trahit un devoir et qu'il se dégrade.

Les siècles les plus corrompus sont ceux où l'on déguise le plus la vérité : alors défiance générale, défiance même entre le père et le fils ; alors profusion excessive de protestations, de serments, de perfidies ; alors parmi la divergence des opinions politiques, religieuses et même purement littéraires, propension constante à noircir le parti opposé par des intentions et des faits controuvés ; alors persuasion intime qu'il soit licite de déprimer, n'importe comment, ses adversaires ; alors fureur immodérée de chercher des témoignages contre les autres, et, après en avoir trouvé d'une futilité et d'une imposture manifeste, opiniâtreté à les soutenir, à les amplifier, à feindre de les croire valables. Ceux qui n'ont pas la simplicité de cœur, supposent toujours de la duplicité dans le cœur d'autrui : s'ils entendent parler celui qui leur déplaît, ils prétendent que tout est dit par lui à mauvaise intention.

Pour vous, mes amis, qui êtes nés dans un siècle où le mensonge et la défiance sont choses si communes, méfiez-vous et conservez-vous également purs de ces deux vices.

La citation suivante, quoiqu'elle n'ait pas le mérite de la nouveauté, ne perdra rien de son importance et il est bon de la répéter ici.

Je vous en prie, mes amis, remarquez ces mémorables paroles que J.-J. Rousseau a écrites dans son Emile :

« Fuyez ceux qui, sous prétexte d'expliquer la nature, sèment dans le cœur des hommes de désolantes doctrines; renversant, détruisant, foulant aux pieds tout ce que les hommes respectent, ils ôtent aux affligés la dernière consolation de leur misère, aux puissants et aux riches le seul frein de leurs passions; ils arrachent du fond des cœurs le remords du crime, l'espoir de la vertu, et se vantent encore d'être les bienfaiteurs du genre humain; jamais, disent-ils, la vérité n'est nuisible aux hommes; je le crois comme eux, et c'est à mon avis une grande preuve que ce qu'ils enseignent n'est pas la vérité. »

Vous voyez, mes amis, que ce grand écrivain, quoiqu'il ne soit pas irrépréhensible dans ses écrits, méprise les hommes qui font grande parade de savoir, surtout quand ils s'en servent pour pervertir et tromper les masses.

Quels sont, en effet, de nos jours, les plus dangereux et presque les seuls ennemis déclarés de la société présente? les utopistes et les rêveurs, ceux qui du fond de leur cabinet lancent, chaque jour, au milieu de la vieille société, le plan arbitraire et fatal d'une société nouvelle. Leurs idées une fois émises, d'autres se chargent de les réaliser; méfiez-vous, mes amis, car ils ont soin de se donner les passions pour auxiliaires, en flattant tous les instincts, en légitimant tous les caprices, en montrant de loin, dans un autre monde social, un bonheur sans mélange. Telle est donc, qui pourrait le nier, la tactique des modernes sophistes. Au nom d'une théorie, d'une doctrine, d'une idée, ils battent en brêche, tous les jours, les réalités existantes; au nom d'une nouveauté sans consistance et sans fondement, ils voudraient démolir et renverser des croyances vieilles comme le temps.

Et lorsqu'on voit des hommes à leur tour présenter au vieux monde, déjà presque séduit et perverti, l'image pure de la vérité qui, seule, peut le sauver du naufrage; lorsqu'ils s'efforcent de faire rayonner ce céleste flambeau au milieu des ténèbres qui nous environnent, de répandre cette divine vertu dans une atmosphère viciée par toute sorte d'abus et de désordres, des sages prétendus ou des ennemis mal déguisés, croient les avoir réduits au silence en s'écriant : réactionnaires! Non, mille fois non! Ah! si les véritables utopistes, ceux dont les utopies ne sont que la mise en œuvre de l'erreur, ne se laissent jamais ébranler par les rires, les dédains ou les fureurs que leur marche soulève, siérait-il bien à tout homme raisonnable de se décourager, à lui humble serviteur, mais aussi soldat dévoué de la vérité sociale! Non, encore une fois; le succès peut lui faire défaut, mais jamais la confiance et le courage.

Et bien, mes amis, les représentants avoués du socialisme, tour-à-tour chefs de secte et chefs de partis, comprennent parfaitement la marche des révolutions, il faut leur rendre ce témoignage; ils savent à merveille comment il faut s'y prendre pour détruire une société; ils possèdent à fond la logique du désordre! éclairée par l'expérience et la réflexion, leur raison a comprimé les instincts de leur haine; ils ont senti qu'il ne fallait pas se jeter violemment sur les faits avant d'avoir perverti les idées et les croyances. Quand la révolution a passé dans le monde intellectuel, elle descend inévitablement dans le monde social ; ce n'est plus qu'une question de temps ou de circonstance. Ils l'ont dit et cela est vrai. Mais cette vérité n'est-elle pas également à l'usage des aristos, comme ils les appellent? leur sera-t-il défendu de reprendre d'entre leur mains des armes qui primitivement leur appartenaient? Ils s'autorisent à tout moment de l'exemple du christianisme ; est-ce qu'il aurait par hasard abdiqué en leur faveur? ne pourrait-on pas opposer à l'infatigable propagande du mensonge le saint prosélytisme de la vérité? et, lorsqu'ils soufflent l'erreur, afin de déchaîner les tempêtes, ne pourrait-on pas ramener au ciel des intelligences le calme et la sérénité!

Quant à ceux qui n'ont encore rien aperçu du drame qui se prépare, dont les yeux sont appesantis par le sommeil ou troublés par des vapeurs grossières, je leur dirai : la vérité vous importune et vous fatigue, raison de plus pour la faire briller dans toute sa clarté La vérité religieuse et sociale n'a pas moins à souffrir de la corruption du vieux monde, que de l'insolence des novateurs. On doit la défendre contre toutes les perversités et contre tous les mensonges; ou plutôt on doit assurer en sa présence et la société qui existe et celle qu'on voudrait nous donner; et je dis à l'une aussi bien qu'à l'autre : voyez et faites selon le modèle qui vous a été montré sur ces divines hauteurs.

Vous savez, mes amis, qu'on a laissé tomber, du haut de la tribune, une parole étrange, que je regarde comme une insulte à la religion catholique. Je crois qu'il est de mon devoir de vous instruire sur toutes les erreurs qui se sont produites.

Vous connaissez déjà les doctrines opposées de l'illustre orateur (1); vous avez admiré cette adulation insolente qu'il adressait au gouvernement déchu : La providence a besoin de vous. Mais je pensais que les

(1) Victor Hugo.

événements l'avaient rendu plus sage, et ce n'a pas été sans étonnement, quand j'ai entendu dire ces paroles :

« L'aumône dégrade. »

Je pourrais invoquer les témoignages des sages de l'antiquité païenne; mais de quel poids serait leur autorité dans un temps où l'on traite si légèrement celle des traditions universelles?

Je préfère, mes amis, invoquer le témoignage de la raison, le seul pour lequel on conserve un respect apparent.

Pour donner un démenti à la parole de l'homme-Dieu, Julien l'apostat tenta de reconstruire le temple de Jérusalem; pendant qu'on en creusait les fondements, une tempête affreuse se déchaîna, la terre s'ébranla et il en sortit des flammes qui dévorèrent les travailleurs.

Il existe de nos jours une école qui prétend donner aussi un démenti à cette parole du Christ : Vous aurez toujours des pauvres au milieu de vous. Ils ont tenté aussi, ces apostats modernes, de creuser les fondements d'un édifice social. Ils étaient à peine à l'œuvre que nous avons entendu gronder la tempête et sentir la terre trembler; et s'ils n'eussent pas été interrompus dans leur travail, Dieu sait quels torrents auraient dévoré l'Europe!

Oui, mes amis, il faut avoir foi aux destinées futures de l'homme, pour comprendre l'économie de la Providence dans l'inégale répartition des biens de ce monde. Comment voulez-vous que celui qui ne se fait de l'homme qu'un type misérable, ignoble, incertain; celui qui se complaît à considérer le genre humain comme un troupeau de bêtes, ou rusées ou sottes, nées uniquement pour se nourrir, procréer, s'agiter, et redevenir poussière; celui qui ne veut voir rien de grand dans la civilisation, dans les sciences, dans les arts, dans la recherche de la justice, dans notre insatiable passion pour le beau, le bon et le divin ; comment voulez-vous, dis-je, qu'il aime sincèrement son semblable, qu'il l'entraîne à la conquête de la vertu, et se sacrifie pour lui être utile ? Je dis donc que la pauvreté est un fait que tous les efforts de l'homme ne détruiront jamais. La richesse pourra changer de mains, la pauvreté existera toujours ; mais s'il nous est impossible de la faire cesser, il nous est ordonné de soulager la misère. Deux moyens se présentent : la charité individuelle et libre d'un côté, l'assistance légale et obligatoire de l'autre. Quel est le plus noble des deux, et s'il en est un de dégradant, quel est celui-là?

La richesse engendre l'orgueil, dites-vous, et la pauvreté fait naître l'envie. N'est-ce pas un beau spectacle de voir le riche descendre de sa hauteur et se rapprocher du malheureux qui rampe à ses pieds? de voir le pauvre au contraire grandir par le bienfait qu'il reçoit ; aimer celui que le sort a placé au-dessus de lui ? qui fait ce miracle ? l'aumône et l'aumône seule.

Dispensez le riche de l'obligation de faire l'aumône, soyez certain qu'il restera toujours dans la sphère de son orgueil et finira par oublier que le pauvre est son frère. L'humiliation du malheureux, si tant est qu'il veuille l'apercevoir, ne servira qu'à l'affermir dans sa fausse vanité ; car l'homme est porté à s'enorgueillir de ses richesses, comme il s'enorgueillit de sa force, de sa beauté, de ses talents, de sa naissance et de tous les avantages qu'il doit au hasard ou à lui-même.

Si au contraire vous le mettez dans l'obligation de secourir le pauvre, il sera obligé de le voir, d'entendre le récit de ses malheurs, de s'attendrir sur son sort ; il comprendra que cet homme a une âme comme lui ; il appréciera la valeur de cette âme ennoblie par le malheur ; il se souviendra que cet infortuné est aussi un enfant de Dieu, d'autant plus chéri qu'il a été purifié par les eaux de l'adversité.

Je ne parlerai pas du plaisir pur et plein de charmes qu'il éprouvera en soulageant sa misère, mais je ferai remarquer que, par son aumône, il établit entre lui et le pauvre un lien d'amitié. Le riche éprouve nécessairement de l'affection pour ceux qu'il a secourus, et qui lui forment une nouvelle famille. Il dit : *mes pauvres*, comme il dit : *mes enfants* ; et il se sent obligé de pourvoir à leurs besoins et de travailler à leur bonheur. Répondez, réformateurs modernes : l'aumône dégrade-t-elle celui qui la fait?

Elle ne dégrade pas celui qui la reçoit.

Il y a deux sortes de pauvres : celui que les circonstances ont attaché à la roue de l'infortune et celui qui doit ses malheurs à ses vices, à son luxe, ou à son oisiveté.

On conçoit aisément que ce dernier soit humilié de recevoir d'un autre ce qu'il pourrait avoir, s'il eût été plus sage et plus laborieux. Je constate, mes amis, que ce n'est pas l'aumône qui l'humilie, mais bien le souvenir seul de ses fautes qui fait rougir son front ; et toutefois il lui est avantageux d'éprouver cette honte : elle est comme une expiation du passé et une leçon pour l'avenir ; et s'il n'y a plus de remède, s'il ne peut recouvrer sa fortune perdue, il trouvera dans cette humiliation un motif de repentir qui le réhabilitera insensiblement à ses propres yeux et à ceux de ses frères. Cette réhabilitation est encore plus prompte et plus complète, si l'aumône est accompagnée, comme elle doit l'être, de quelques paroles de consolation et d'encouragement.

Quant à celui qui n'a pas mérité la pauvreté, de quoi rougirait-il ? pourquoi l'aumône serait-elle pour lui un affront ? Dieu a courbé sa tête sous le poids du malheur, parce que c'est ainsi qu'il lui a plu de l'éprouver ; mais il a mis en réserve dans le grenier du riche le pain qui doit le nourrir : en l'acceptant dignement, loin de s'abaisser, il s'élève, par une juste reconnaissance, jusqu'au niveau de son bienfaiteur.

Il cesse dès-lors de porter envie à celui qui possède. En le voyant se priver volontairement d'une partie de son bien, pour le soulager; il lui pardonne facilement d'être plus favorisé que lui ; il s'en réjouit même.

Loin de dégrader l'homme, elle l'élève ; car elle est le résultat d'une double victoire sur l'orgueil ; elle est un double témoignage d'humilité, et l'humilité aux yeux de Dieu est le piédestal de la gloire.

Je ne dirai que peu de mots sur l'aumône légale, parce que dans le cours de mes entretiens je vous parlerai des institutions de bienfaisance et de prévoyance.

Je dis donc que l'assistance étant publique et obligatoire, c'est encore le riche qui donne et le pauvre qui reçoit; mais l'un fait l'aumône par force, et l'autre la prend comme le salaire obligé de son oisiveté. Le premier y perdrait tout le mérite d'un acte volontaire, le second n'y gagnerait autre chose que de n'être tenu à aucune reconnaissance. La loi prendrait à l'un et donnerait à l'autre ; elle s'interposerait pour les écarter, pour les empêcher de se voir, de s'estimer et de s'aimer ; elle perpétuerait leur antagonisme, parce qu'elle les laisserait dans leur orgueil.

Quand la foi chrétienne s'éteint dans les cœurs, les sources de l'aumône tarissent, et elle devient insuffisante pour soulager toutes les infortunes. Si on croit que nous en soyons arrivés à ce point, qu'on force le riche à donner ce qu'il ne veut pas sacrifier librement, qu'on organise la charité légale, mais qu'on gémisse sur les malheurs des temps qui ont réduit à cette extrémité fatale, et qu'on ne vienne pas nous dire que l'aumône dégrade ; car l'aumône est fille de la charité, est née dans le cœur de Dieu.

Que peuvent présager de telles propositions ? où tendent ces efforts combinés ? mes amis, c'est à vous surtout qu'il importe de l'apprendre.

Je ne suis pas de ceux qui disent : ce n'est rien, c'est une querelle de doctrines. Les doctrines se réalisent bientôt dans les faits, ou du moins ne tardent pas à bouleverser les réalités existantes. Ce ne sont pas ici simplement des philosophes qui disputent sur des abstractions, sur des idées sans consistance ; ce ne sont pas enfin des rêveurs de l'autre monde, sans aucun rapport avec celui-ci. Non, ce sont bien de vrais socialistes, c'est-à-dire, des hommes qui veulent tout uniment faire une société nouvelle avec les débris de celle que nous habitons ; ce sont des révolutionnaires de la plus terrible espèce ; ils révolutionnent les esprits afin d'arriver plus sûrement à révolutionner les empires : et ce qu'il leur faut pour arriver à leur but, ô mes amis, ce sont vos mille bras et votre irrésistible puissance. Ils parlent, vous agissez ; ils font passer leurs idées dans votre âme, et vous les faites passer dans les événements. Est-ce qu'il vous importerait peu, par hasard, de juger, avant de les accomplir, les théories qu'on vous propose? Tachons donc de les apprécier ensemble.

Ce qui fait la puissance des ennemis actuels de la société, et par conséquent le danger de leur propagande, ce n'est pas précisément l'erreur qui se rencontre toujours dans leurs systèmes, c'est la portion de vérité qu'ils ont soin d'y glisser par conviction ou par artifice. Il ne faudrait pas croire, en effet, que tout soit également faux dans les expositions du socialisme. Il n'y a malheureusement que trop de vrai. Si tout système socialiste était absolument un long tissu d'illusions et de mensonges, le socialisme ne serait guère à redouter, et j'aurais tort, vraiment, de vous le signaler comme le plus grand danger des temps modernes ; il serait, par cela seul, sans action et sans influence. L'erreur absolue n'a pas de prise sur l'esprit humain, et ce n'est qu'à l'aide, à la suite de quelque vérité, qu'elle s'introduit dans le domaine des intelligences.

Il y a donc du vrai dans la grande hérésie sociale de nos jours, dans les théories et les arguments du socialisme ; oui, et beaucoup de vrai; et je vous prie, mes amis, de ne pas trop vous échauffer de cette concession que je semble faire. Suivez-moi jusqu'au bout, et vous comprendrez en même temps le motif et l'équité de ma conduite.

Le socialisme dit vrai, quand il prétend que la vieille société se meurt d'égoïsme, que le dévouement n'est guère plus qu'un mot historique, si toutefois on daigne croire aux pages de l'histoire qui nous en retracent les traits glorieux ; car l'amour aveugle de soi remonte du cœur à l'intelligence, pour en éteindre les célestes rayons.

Le socialisme dit vrai, quand il attribue à la soif dévorante de l'or la terrible responsabilité des misères publiques, quand il attaque le luxe insolent et sans entrailles des heureux du jour, en opposant à ce tableau les humiliations, les douleurs et les immoralités qui naissent de l'indigence.

Le socialisme dit vrai, enfin, quand il montre la corruption s'étendant, comme un dévorant cancer, sur toutes les chairs vives du corps social, au moment de pénétrer, peut-être, si l'on n'y porte un remède aussi prompt qu'efficace, jusqu'aux sources mêmes de la vie.

C'est donc dans l'orgueil, l'avarice et la volupté, que le socialisme voit le mal du monde moderne. Certes, tout cela est bien vrai, mais aussi tout cela est bien vieux. Il y a longtemps que l'Evangile avait signalé ces trois grandes maladies sociales. L'un de ses premiers prédicateurs disait : Tout ce qui est dans le monde n'est que plaisir déréglé de la chair, concupiscence des yeux et orgueil de la vie ; voilà l'essence du monde. Et depuis lors l'existence du christianisme n'a été qu'une longue lutte contre ces éternels ennemis de tout bien et de toute société. Si de nos jours ils ont paru triompher un instant, dans notre malheureuse patrie, s'ils ont paru au moment d'arracher le corps social aux salutaires influences, à l'esprit vivifiant du christianisme, qui devons-nous principalement en accuser? demandez-le aux socialistes eux-mêmes.

Croyez-vous, mes amis, au sentiment complètement désintéressé qui pousse les socialistes à crier avec tant d'ardeur contre le mal qui nous ronge ? Ont-ils été les premiers à le signaler à l'opinion publique? Non, car ils ne peuvent prétendre, en aucune manière, de l'avoir découvert; ils peuvent encore moins prétendre d'en avoir déploré les ravages. Insensés réformateurs! ne savent-ils pas que l'Evangile les avait devancés? et je ne dis rien que l'univers ne sache. Que Félix Pyat ou Proudhon aient peint aux yeux des riches le spectacle effrayant des misères privées ou sociales, qu'ils aient élevé la voix sur les douleurs et les périls qui tourmentent notre époque, cela se peut; mais avant eux l'Evangile avait fait entendre les cris de détresse sur le mouvement et les progrès du mal social: ils n'ont donc été, plus tard, que les faibles échos des ministres du christianisme.

Il y a des âmes qui savaient s'allumer et s'attendrir sur ces grandes infortunes, qui frappent les sociétés entières, avant qu'aucun des principaux systèmes des rénovateurs eût vu le jour. Le mot de socialisme n'existait pas encore, que déjà, depuis des siècles, des cœurs vastes comme le monde avaient senti passer dans leurs fibres tous les gémissements de l'humanité. Ce nom de socialiste, dans sa véritable acception, est un larcin qu'on a fait aux vrais disciples du Golgotha.

Vous avez vu, mes amis, depuis que le socialisme est prôné dans toute l'Europe, que le mot de fraternité était, sinon dans toutes les bouches, du moins sur toutes les portes, avec cet enjolivement : *la fraternité ou la mort.*

Quelle fraternité, quand l'homme dit à l'homme :

Soyons frères, ou... je t'assomme.

Ce n'est point là la fraternité de l'Evangile, qui ne veut pas qu'on assomme personne. Caïn fut proscrit pour avoir tué son frère Abel. Aussi cette fraternité, qui n'est que sur les lèvres et qui n'entre jamais dans les cœurs, n'est qu'une fraternité d'inscription révolutionnaire, avec un sabre dans la main et un poignard dans la poche. Mais on me dira : vous oubliez votre titre! Le croyez-vous ? qu'ai-je promis? quelques mots, quelques traits sur l'amitié (c'est-à-dire instruire mes confrères); et n'est-il pas convenable de combattre la fausse fraternité quand je veux instruire de la véritable. L'amitié n'est-elle pas une vraie fraternité, la plus douce, la mieux sentie et la plus réelle? car je ne parle pas de l'amitié à la Babœuf et à la Proudhon, qui ne consiste qu'à l'œuvre facile de dépouiller les autres pour se munir à peu de frais de tout ce qui leur manque. Vous concevez que par ce moyen expéditif, les nouveaux ménages pourraient se pourvoir aisément de tout, s'enrichir, et de la pauvreté arriver tout-à-coup à la somptuosité et à la magnificence. Mais arrière de vous, mes amis, cette brutale manière de socialiser !

Toutefois, il en est temps encore, quittons cette hypocrite fraternité, qui n'est qu'un masque perfide, et venons à l'amitié et aux amis.

Savez-vous ce que disent les anciens ? on ne connaît vraiment ses amis que quand la fortune vous est contraire. Les services qu'ils rendent alors ne peuvent partir que d'un cœur tendre et fidèle. D'ailleurs, ce sont principalement les malheureux qui ont besoin d'amis, soit pour en être secourus, soit pour en être consolés.

Eh bien! mes amis, examinons ensemble si les socialistes disent vrai quand ils disent qu'ils aiment l'humanité et qu'ils se garderaient de la pousser à la révolte; anathème à la révolte, disent-ils, nous la poursuivrons partout où elle se produira. Ils auraient raison si telle était leur pensée; car c'est le plus énergique, le plus mortel ennemi de toute liberté, surtout en face du suffrage universel; c'est plus qu'une folie, c'est un crime de lèze-nation, comme ils le disaient eux-mêmes avant et après la révolution : il n'y a plus de prétexte à la révolte là où le suffrage universel a été consacré.

Pouvons-nous croire à ces hommes quand leurs utopies colorées par le mensonge de l'imagination ont armé des mains criminelles, et poussé à l'émeute des hommes qu'on disait être égarés, mettre ainsi en péril la société pour servir la fortune de quelques ambitieux; c'est ce qu'il ne faut pas, car malheur à nous si nous avions à déplorer d'aussi épouvantables malheurs. C'est pour cela, mes amis, nous qui sommes les enfants du peuple, malgré toutes les ignobles calomnies, nous devons rendre justice à ceux qui défendent nos véritables intérêts contre la démagogie, qui après nous avoir jetés dans la misère voudrait dissoudre notre société, et par cela même ruiner notre noble patrie, cette belle patrie à laquelle le dernier de ses enfants et le plus malheureux, tient plus ou moins autant que le plus riche et le plus puissant.

N'est-ce pas, mes amis, que vous aimez l'ordre, non-seulement au point de vue des intérêts matériels, mais au point de vue du patriotisme, du sentiment de la grandeur du pays. Prouvons que cet amour est aussi vibrant dans nos cœurs qu'il peut l'être dans les classes élevées.

Il est donc reconnu, mes amis, qu'il n'y

a pas de distinction entre les idées du pauvre laborieux et celles du riche bienfaisant; nous sommes tous du même avis ; il ne suffit pas de comprimer le désordre dans la rue; il ne suffit pas de punir celui qui exploite les passions des masses et qui les pousse ainsi sur la place publique. Non, cela ne suffit pas; croyez que tout le monde comprend que nous avons d'autres devoirs à remplir, et personne n'y faillira.

Mais pour que la société puisse progresser, et que chacun puisse dans sa sphère remplir ses devoirs, dans cette voie d'amélioration qui lui est ouverte, pour que le travail puisse renaître, pour que toutes les sources de la prospérité puissent se raviver, que faut-il? Il faut la sécurité.

Il faut donc que chacun vive dans une profonde sécurité, et cela sur le fruit de son travail et sur sa vie. Cette sécurité est-elle possible dans une société, au lendemain d'une si profonde perturbation, lorsque vous voyez que tout a été ébranlé et qu'aucune base, en quelque sorte, n'est encore posée? Est-elle possible lorsque chacun a le sentiment d'une situation si précaire et si fausse? Est-elle possible lorsque tous les jours, tous les matins on fait appel à votre violence, lorsqu'on vous dit : malheureux, mais vous êtes volés, le moment est arrivé; vous êtes les plus forts et les plus nombreux, partez, il est temps de ressaisir votre conquête?

Vous savez bien, mes amis, que les socialistes s'efforcent de jeter le mépris et la haine sur l'autorité, sur le gouvernement et sur les citoyens entre eux; vous savez bien que leurs utopies ont manqué de nous précipiter dans une guerre civile, dont la Providence seule nous a préservés. Eh bien! ce n'est pas ainsi que la confiance peut renaître, car l'écu est poltron et la terreur n'est pas financière; ce n'est que quand nous aurons le bonheur d'avoir la sécurité dans ce monde de travail et de labeur, que les capitaux seront confiants, que la société se possédera elle-même et qu'elle pourra envisager l'avenir avec confiance ; c'est alors que vous verrez les améliorations ouvertes ; dès-lors tout sera possible, le désir que nous avons se réalisera, et les projets qu'on mûrit pourront recevoir une application utile. Mais hors de là, savez-vous ce qui arrivera ? l'expérience est là qui nous l'apprend ; et, ici, permettez-moi de citer le gouvernement provisoire; et dites-moi : si la philanthropie lui manquait le lendemain de la révolution, est-ce qu'il était avare des fonds du trésor, est-ce qu'il n'avait pas de sympathie pour le peuple ? non, assurément.

Qu'est-ce qui lui manquait, qu'est-ce qui faisait que les ressources s'épuisaient autour de lui, que les capitaux se retiraient, et qu'en face des dettes les plus sacrées il était condamné à cette douloureuse nécessité d'ajourner ; ce qui faisait tout cela, mais cela se comprend, c'est que la confiance était altérée, c'est que la sécurité était profondément troublée, c'est que, par conséquent, les sources de la vie se tarissaient de jour en jour, et qu'aux pulsations du corps social on aurait pu juger combien il lui restait à vivre.

Eh bien ! mes amis, savez-vous d'où venait ce malaise? c'est qu'après le 24 février on disait qu'il fallait laisser tout faire, tout dire: on diffamait les gouvernements qui avaient agi autrement. Au mois de février la République est proclamée, au mois de mars il y avait un mouvement.

En avril il y en avait un, et sans la réunion prompte et heureuse de la garde nationale, la République, qu'on nommait la victoire de février, était renversée.

Le mois suivant, en mai, quel scandale ! l'Assemblée, la première élue par le suffrage universel, est violée et expulsée un moment, et cela parce qu'on avait pour prétexte qu'elle n'avait rien fait pour le peuple. Et croyez-vous réellement que leur pensée fût pour le peuple? non, c'est qu'ils ne pouvaient continuer à assouvir leur ambition, que le pouvoir leur échappait et qu'ils voyaient qu'il leur était impossible de retenir l'élan populaire, produit par la prédication de leurs mauvaises doctrines.

En juin, il fallait, pour sauver la société, verser des torrents de sang, et avoir à déplorer la perte de plusieurs grands hommes qui furent victimes de l'insurrection.

Dès-lors, mes amis, qu'avons-nous vu dans toutes les luttes cruelles qui ont éclaté? une longue traînée du sang des enfants du peuple, du sang des pauvres ouvriers; mais jamais une seule goutte de sang d'un des chefs de la démagogie.

Non, jamais, car l'un d'eux, naguère, disait qu'il s'était borné à aller voir, de loin, la sublime horreur de la canonade.

Voilà le rôle que jouent, dans nos luttes civiles, tous les chefs de partis.

Eh bien ! la République eût péri, comme la monarchie a péri en février, sous le coup de l'émeute, et cependant nous avons vu la France effrayée de ce danger. En présence d'un état pareil, qui est la vérité, j'ai le droit de vous dire que la France est à la merci de certains esprits ambitieux, qui, sous la monarchie, se disaient républicains, et qui, sous le gouvernement représentatif, issu du suffrage universel, ont conspiré contre ce même gouvernement qu'ils venaient de proclamer.

La démagogie, mes amis, loin d'être démoralisée ou dispersée, reste là, sur place, à guetter tous vos pas, à vous éblouir par ses belles promesses ; et cela, avec intention de profiter de toutes vos faiblesses ; elle est là comme la lave du volcan, qui bouillonne toujours, prête à enflammer la société entière.

Oui, il y a en France, depuis deux ans, un parti qui spécule honteusement sur vos mauvaises passions ; oui, mes amis, on spécule sur votre ignorance, et surtout sur votre crédulité; on vous fait croire ce qu'il y a de plus absurde et de plus révoltant dans la pensée humaine; on profite de la peur que vous avez, en vous effrayant de mille chimères, du rétablissement de la dîme et de la corvée; on spécule, enfin, sur la cupidité de l'homme : on vous dit tous les jours que le bien d'autrui sera en commun, et on vous fait regarder comme ennemis tous ceux qui ne veulent pas devenir les instruments ou les complices de la spoliation.

C'est là, et nul ne me démentira, la réalité des faits accomplis depuis le 24 février.

Je vous engage donc, mes amis, à ne pas vous laisser dominer par un sentiment de crainte trop exagérée, car la peur est une bien mauvaise conseillère, elle pourrait vous entraîner hors des règles ordinaires de la prudence et compromettre votre avenir.

Or, quel est le père, quelle est la mère qui peut contempler la tête de ses enfants sans trembler pour l'avenir, sans que des larmes viennent mouiller leurs paupières; larmes d'une trop juste appréhension, d'une trop légitime sollicitude pour l'avenir de ces êtres chéris que Dieu nous a donnés: les insensés! qui condamnent notre pays et notre société à un incendie perpétuel.

Eh bien! je ne crains pas de le dire, car je vous ai promis de parler le langage de la vérité, suivant mes forces et mes connaissances. Les démagogues ont oublié les conditions mêmes de la liberté, ils ont oublié que c'était une plante délicate, mais qui avait besoin de temps pour grandir et se fortifier, qui exigeait qu'on veillât sur sa délicatesse.

Savez-vous, mes amis, comment il faut entendre la liberté? la liberté est comme un chêne aux profondes racines, qui croît lentement, mais qui, quand une fois il est enraciné, étend au loin ses branches et sert d'abri à de nombreuses générations.

Voilà le symbole de la vraie, de la bonne liberté, telle que je l'entends, et telle que nous devons la désirer.

Nous savons que la liberté peut naître d'une révolution, cela est incontestable; mais elle ne peut vivre qu'à la condition de tuer sa mère, c'est-à-dire l'esprit révolutionnaire. C'est ce qu'elle a fait dans certains pays libres; car ils se sont constamment appliqués à tuer l'esprit de sédition et de désordre. L'Angleterre, par exemple; je sais bien ce qu'on me répondra : l'Angleterre est une aristocratie, et que ce n'est pas de cette liberté qu'on veut en France. Je dois vous dire, mes amis, que la République démocratique que nous avons, ne pourra se maintenir qu'en tuant, autant qu'il sera en son pouvoir, ou du moins en combattant énergiquement, l'esprit de révolution; c'est ce qu'elle a été obligée de faire depuis qu'elle existe; c'est ce qu'elle fera encore, car si elle ne peut pas le faire, elle périra; je n'hésite pas à vous avertir; et alors, qu'arriverait-il? c'est que, la République que nous avons serait remplacée par deux sortes de dictatures. Permettez que je vous fasse connaître de quelle manière nous serions traités avec ces sortes de gouvernements : commençons d'abord par la dictature de l'anarchie, cette dictature que nous connaissons tous, dont le code est déjà proclamé, dont les lois sont déjà écrites, dont les satellites sont partout enrégimentés, haletants après la spoliation et le pillage.

Voilà pour la première, qui serait la plus terrible, mais dont la Providence seule nous préservera.

Après eette dictature, savez-vous, mes amis, quelle serait la seconde? non pas la dictature de Napoléon, ou de Charlemagne, mais la dictature du premier caporal venu qui nous apportera l'ordre matériel au bout de son sabre, et que nous bénirons tous , et que nous accueillerons tous avec bonheur , car nos pères l'ont bien fait. Je vais plus loin, je dis que ceux des démagogues qui n'auront par été enlevés et engloutis dans l'orage, seront les premiers à bénir et peut-être même servir cette dictature : leurs pères l'ont bien fait; lisez l'histoire.

Voilà où nous conduirait, infailliblement , une liberté sans frein , une liberté sans limites.

Maintenant, mes amis, examinons sérieusement les bases de l'organisation sociale.

La société est mal organisée, disent les réformateurs : dans toutes leurs assertions il n'y a qu'orgueil et ambition; car c'est Dieu qui a la plus grosse part dans l'organisation sociale , par les lois qu'il a imposées à la nature, par les instincts, les sentiments, les besoins qu'il a donnés à l'homme. Les hommes n'ont eu qu'à faire des lois pour empêcher que les méchants ne troublassent les bons dans la marche que Dieu leur a tracée, en cherchant toujours à améliorer leur existence matérielle et morale.

Les hommes se sont souvent trompés dans leurs lois, et c'est ce qu'ils font encore en ce moment par les faux systèmes qu'ils voudraient nous appliquer violemment.

Mais, mes amis, les règles posées par l'Éternel ont de tout temps repris leur empire.

Ce n'est pas d'aujourd'hui que l'on trouve la société mal organisée; dans tous les temps il s'est trouvé des philosophes insensés ou pervers qui ont voulu changer la marche du genre humain, et des hommes ignorants ou vicieux pour les écouter. Leurs doctrines n'ont jamais pu s'établir et elles ne s'établiront jamais, quoi qu'en disent les grands réformateurs du genre humain.

N'oubliez pas, mes amis, que les bases de cette organisation, tant décriée dans les écrits et les clubs socialistes, viennent de

Dieu. Il n'y a jamais eu de loi humaine pour établir que l'homme aimerait sa femme et ses enfants, que cet amour formerait la famille, que cette famille défricherait un champ, le mettrait en valeur par des travaux incessants, que ce champ ainsi arraché à la stérilité resterait sa propriété et celle de ses enfants.

Non, la loi humaine n'a fondé ni la famille ni la propriété; elle s'est bornée à donner des garanties à ces deux grandes bases de l'avenir de l'humanité. Elle a réglé les rapports des familles entre elles, et les droits de l'individu dans la famille; elle a sauvegardé la propriété contre les usurpateurs et les malfaiteurs.

Voilà ce que les socialistes veulent renverser! et pour cela ils font de la même manière que ces industriels qui, venant de dérober quelques bijoux au milieu d'une foule, crient à tue-tête: au voleur! Je ne vous en dirai pas davantage sur l'origine de l'organisation sociale et de la propriété.

Ils ont dit encore, ces grands réformateurs, que les uns ont tout, que les autres n'ont rien. Qu'est-ce que tout? Est-ce la fortune présente ou future, créée ou à créer? Qui donc possède la richesse à créer? celle-là n'appartient à personne, elle est à la disposition de tout le monde par le travail.

Connaissez-vous des riches, des aristocrates, si vous aimez mieux, mes amis, qui aient entre leurs mains la récolte de 1850; vous savez bien qu'elle est dans les mains de Dieu et dans les bras vigoureux des cultivateurs. Il en est de même de tous les objets qu'on doit fabriquer dans la même année. Cela seul vous prouve que par le travail on peut parvenir au plus haut degré de fortune.

Il est donc évident que la fortune, de quelque nature qu'elle soit, appartient à tout le monde; que, par la force des choses, elle se partage tous les jours de la manière la plus équitable d'après le travail, l'habileté, l'intelligence de tous les travailleurs.

Le riche ne jouit de ses terres, de ses capitaux, qu'à la condition d'en distribuer à tout le monde; sans cela, sa terre resterait improductive, ses maisons tomberaient en ruine, enfin, il laisserait crouler tout ce qu'il a; c'est-à-dire qu'au lieu d'avoir des voitures, de beaux meubles, de beaux habits, etc., etc., il enfouirait ses écus dans la terre. Croyez-vous, mes amis, qu'avec un tel état de choses nous serions plus heureux? Non, assurément.

Il est vrai que le riche jouit de certaines choses dont ne jouit pas le simple travailleur; mais le riche les obtient-il au détriment du pauvre? je ne le crois pas. Mais on me dira : tel ou tel a des raisons pour prouver le contraire; à cela ne tienne, mes amis, vous aurez toujours, tant que le monde existera, de mauvais riches et de mauvais pauvres. Les chefs de la démagogie vous irritent bien contre le riche, car ils en sont jaloux ; ils vous prêchent une absurde et impossible égalité. Eh bien! dites-moi, si quand, au nom du peuple, ils eurent fait la révolution de février, ils ont logé le peuple dans les palais du roi et des princes? l'ont-il fait rouler dans les carrosses de la cour? Non, ces ennemis du luxe, qui poussent l'ouvrier à la révolte, ont gardé tout cela pour eux. Croyez-vous que l'artisan laborieux ne les méprisât pas, en les voyant se pavaner ainsi sur les voitures somptueuses de la cour ?

Les chefs des clubs ont dit aussi que, dans leur organisation sociale, *il n'y aura ni pauvres ni riches, mais que tout le monde aura le nécessaire, car Dieu a fait la richesse pour tout le monde en général.* Vous voyez, mes amis, que je n'ai pas oublié les mauvaises prédications des socialistes; il y a là des questions sérieuses qu'il faut examiner attentivement.

Dieu n'a pas fait les richesses ; s'il les eût

faites il n'eût pas condamné l'homme à travailler pour le punir de sa faute ; punition douce, car l'homme aurait une triste existence s'il ne travaillait pas. Il lui a donné tout simplement les éléments de la vie, de la production, de la force et de l'intelligence ; tout le reste, il faut que l'homme le produise à la sueur de son front. Il n'y a donc rien à partager que le travail ; et ces richesses qui, selon le langage des orateurs socialistes, doivent, bien réparties, faire l'aisance de tout le monde ; cette égalité de richesses n'existe que dans leur cerveau détraqué. Le travail, le travail, mes amis, voilà la source de tout ; par le travail, chacun recueille en raison de ses forces, de son activité et de l'intelligence que Dieu lui a donnée : à ce titre seul, l'égalité est chimérique, la poursuivre est une absurdité funeste, car elle peut faire répandre des torrents de sang, et ne peut atteindre que le niveau de la misère. Soyons conséquents, et dites-moi si Dieu l'eût voulu, il aurait coulé tous les hommes dans un même moule ; dès-lors, même intelligence, même force, même économie; au lieu de cela, il nous a fait très inégaux sur tous ces points. Eh bien! dites-moi, vous qui serez vaillant, économe, pouvez-vous être l'égal de votre voisin, qui, au lieu de travailler comme vous du point du jour à la nuit, passera la moitié de son temps au café ou au cabaret? faudra-t-il que vous partagiez avec cet homme votre journée et vos bénéfices? Non, cela ne peut pas être et cela ne sera jamais.

Il est donc reconnu, mes amis, qu'il n'y a rien à changer dans les grandes bases de cet édifice élevé par Dieu et la force des choses. Nous savons qu'il y a des imperfections à corriger, de bonnes institutions à étendre, parce que celles qui existent sont insuffisantes. Croyez-vous réellement que le remède que vous proposent les réformateurs politiques et humanitaires guériront le mal? non, détrompez-vous ; ce n'est pas en inspirant la haine des riches, ce n'est pas en les spoliant de leurs biens qu'on fera cesser des misères. On n'améliorera jamais le sort dn pauvre en ruinant le riche ; c'est, à mon avis, les ruiner tous deux à la fois. Voyez, par exemple, depuis deux ans que les idées socialistes se sont produites effrontément, qu'est-il arrivé ? les riches, effrayés par des menaces incessantes, se sont retirés des affaires et ont mis à couvert ce qu'ils ont pu de leur fortune. Dès-lors l'industrie a été privée de capitaux par l'absence du crédit, le travail a été réduit des trois quarts et le peuple a été bien plus malheurenx qu'auparavant. Les négociants, les banquiers, les propriétaires, ont-ils gagné ce que les travailleurs ont perdu? Loin de là ; tout le monde a perdu, et cela était inévitable.

Eh bien ! mes amis, reconnaissons que toutes les classes de la société ne peuvent prospérer que par le travail ; je vous ai déjà démontré que tout venait de là. Quand vous voyez le travail s'arrêter, ou seulement décroître notablement, il y a souffrances pour tout le monde. Aussi, les fortunes anéanties par les théories du socialisme se comptent par milliers : que serait-ce donc, mes amis, si nous avions la réalité dans toute son étendue? nous serions descendus fort au-dessous des sauvages, car nous nous serions égorgés au milieu de la misère la plus effroyable.

Il en serait ainsi, si la fortune était comme une rivière qui tous les ans donne le même volume d'eau, sans que les hommes s'en mêlent. Dès-lors, supposer qu'un propriétaire qui aurait ses biens placés au-dessus d'un moulin, et qu'il eût l'adresse de détourner les eaux pour arroser ses terres, qui en souffrirait dans tout cela? l'usine; car alors les éléments qui lui sont indispensables pour faire mouvoir tous ses rouages lui manqueraient, et le cultivateur aurait gagné ce que le brave meûnier aurait perdu. Aussi, dans tous les temps avons-nous eu des lois pour réglementer les cours d'eaux, afin de les diviser équitablement. Croyez-vous qu'il puisse en être de même pour la fortune? cela est impossible, parce qu'elle ne coule pas comme l'eau d'une rivière; il faut donc, comme je vous l'ai déjà démontré, que l'homme la produise par un travail dur, assidu, et que chacun garde ce qu'il a gagné à la sueur de son front.

Remarquez, cependant, qu'il en fait jouir les autres en employant le capital acquis à créer le travail; si, au contraire, on lui prend son capital, le travail qu'il a organisé cesse et les ouvriers souffrent, lors même qu'ils auraient eu leur part du capital; car ils perdraient beaucoup plus qu'ils n'auraient gagné. Pour bien vous faire comprendre où sont vos véritables intérêts, je crois utile de vous citer un exemple qui vous frappera.

Nous avons entendu dire dans tous les temps que le capital se multiplie par le travail des ouvriers, par l'intelligence et le crédit de celui qui possède; croyez-vous que cette multiplication tourne uniquement au profit du capitaliste? Non, je vais vous prouver qu'il n'en recueille qu'une faible portion; le reste est distribué aux ouvriers, qui jouissent, non seulement des capitaux antérieurs et de ceux qui viennent de se produire, mais encore de l'intelligence et du crédit du chef de la fabrique, ou du propriétaire de la terre, qui est aussi un fabricant.

Exemple : M..., fabricant de draps, a environ deux cents mille francs de capital pour faire aller sa fabrique; avec cette somme, son intelligence et son crédit il fait, dans l'année, pour un million deux cents mille francs d'affaires; il nous reste à examiner de quelle manière cette somme va se diviser, et savoir ce qu'il restera de bénéfice au fabricant :

Achat de matières premières, telles que

laines, etc., etc.	518,000 fr.
Rentrée du capital roulant.	200,000
Salaire de tout genre, frais de commission, de transport, d'emmagasinage.	462,000
Bénéfice du fabricant. . . .	20,000
Total. . . .	1200,000 fr.

D'après ce que nous venons d'examiner, il ne reste que vingt mille francs au fabricant, c'est-à-dire qu'il a gagné dix pour cent sur son capital roulant; et n'arrive-t-il pas tous les jours à certains d'entre eux des pertes considérables, occasionnées par quelque faillite ou quelque inondation?

Vous voyez donc, mes amis, que les ouvriers qui ont travaillé dans le courant de cette année chez M. . . se sont partagé quatre cent soixante-deux mille francs, provenant des bénéfices faits par la fabrique et le capital roulant de deux cents mille francs, et surtout par l'intelligence et le crédit du fabricant. Il y a donc là une grande association entre le capital, l'intelligence et le crédit d'une part; de l'autre, le travail. Ce dernier est-il moins partagé? il est aisé de prouver le contraire : Les ouvriers d'abord n'ont couru aucun risque, et ils ont eu pour eux vingt fois autant de bénéfice que le fabricant; il est vrai que chaque ouvrier a beaucoup moins que le chef, mais aussi il n'a engagé aucun capital, pas même celui de ses bras, car son salaire lui était garanti chaque semaine.

❦

Trouvez-vous que le chef de cette industrie gagne trop? mais réfléchissez donc qu'il engage toute sa fortune et celle de sa famille; que très souvent il lui arrive de perdre ou de gagner beaucoup moins, et qu'en réalité, il n'est que l'agent d'affaires responsable des ouvriers qu'il emploie. Etant leur guide et leur payeur, n'est-il pas juste qu'il soit rétribué, et qu'il retire un intérêt du capital qu'il a conquis par le travail?

Je vous ai fait voir, mes amis, que les ouvriers se sont partagé quatre cent soixante-deux mille francs en une seule année; ils en auraient autant les précédentes; mais si, au lieu de laisser marcher la fabrique, ils prenaient le capital, ils se partageraient deux cents mille francs une fois, et l'année suivante que deviendraient ces ouvriers, qui déjà avec la portion qu'ils ont sur quatre cent soixante-deux mille francs ne peuvent pas vivre? ils n'auraient rien, puisqu'ils seraient sans travail. C'est ce qui s'appelle éventrer la poule pour manger quelques œufs sans coque; elle ne pond plus.

Les démagogues vous diront qu'ils lui feront pondre deux œufs par jour, en associant les ouvriers de M....., au moyen des deux cents mille francs qu'on lui prendra. Insensés! vous croyez cela avec une bonhomie vraiment surprenante; et ne savez-vous pas que, quelques prompts que vous soyez, il est bien à craindre qu'une fois le partage opéré, il ne vous resterait rien pour recommencer votre nouvelle association, ou du moins, comme il est plus probable, les portions seraient fort écornées ?

Eh bien ! supposons plusieurs de ces ouvriers associés, avec un capital quelconque ; dites-moi si vous connaissez, dans la masse des ouvriers, un seul homme aussi capable que le fabricant qui travaille dans cette partie depuis son enfance. Je sais bien qu'ils choisiraient trois, cinq ou sept des plus intelligents pour le conseil d'administration : en mettant à part l'inexpérience et l'inhabileté, ce conseil aurait-il l'unité de vues et d'action d'un seul bon directeur? aurait-il, pour conserver et accroître ce capital qui appartient à tous, la même sollicitude que M..., qui aurait engagé dans l'entreprise l'avenir de sa famille? Non, cela n'est pas possible, car ce n'est pas dans la nature de l'homme ; l'association ne durerait pas six mois; la discorde s'établirait tout de suite pour la fixation du minimum des salaires, en raison de l'aptitude de chacun, si c'était ce système de communauté qui fût admis ; si c'était la communauté égalitaire, elle se dissoudrait dès les premiers jours, parce que l'ouvrier qui serait habile et actif ne consentirait jamais à se mettre au niveau de l'incapable et du paresseux. Mais quel que soit le mode d'association, il suffit que le principe de la communauté y entre d'une manière ou d'une autre, pour qu'il y ait peu d'ardeur pour le travail, et partant, diminution de tous les produits en général. Ce triste état de choses, joint aux divisions et même aux haines intérieures, pousseraient les ouvriers à demander l'abolition de la communauté.

L'exemple que je viens de citer, mes amis, s'appliquerait également à toutes les industries, et même à la terre, qui est aussi une fabrique. Comme je vous l'ai démontré plus haut, les riches ne sont exactement que les administrateurs, les tuteurs, les directeurs des pauvres; et il est évident que Dieu a permis qu'il y en ait pour qu'ils jouent ce rôle. Si par une barbare et stupide injustice les socialistes les détruisaient, soyez assurés qu'il s'en créerait d'autres, parce qu'ils sont indispensables, et qu'il résulte de la force des choses et surtout de la liberté. Et dites-moi si vous seriez libres, si tout homme n'avait pas le droit de travailler comme il l'entend, et partant, jouir du fruit de son labeur ?

Il vous est donc facile de comprendre, d'après même ce que je viens de vous citer, que tous les travailleurs réunis ne s'enrichiraient pas en prenant les terres, les fabriques et les capitaux d'un petit nombre de riches. C'est-à-dire, mes amis, que se serait ruiner le riche sans enrichir le pauvre; il en résulterait donc, que tous les deux, le même jour et à la même heure, se trouveraient dans la misère la plus affreuse.

Je viens de vous exposer les obstacles de l'association partielle pour une fabrique ou une terre ; je dois donc vous faire connaître également l'impossibilité de l'association universelle par la fraternité des peuples. Les chefs démagogues disent bien que c'est là qu'il faut arriver par le progrès de l'idée, et qu'alors il ne pourra y avoir aucune misère sur la terre, parce que les peuples s'entraideront, et que, ne pouvant être tous frappés à la fois par les mauvaises récoltes, par les crises commerciales et industrielles, ils auraient les moyens de venir en aide aux autres puissances qui seraient frappées d'un fléau. Je dois vous dire franchement, mes amis, que tout cela n'est pas possible, et que dans tous ces projets il n'y a qu'orgueil et ambition.

Croyez-vous réellement qu'il y aurait du bien à attendre de l'association de tous les peuples? on vous le dit avec un dehors de sincérité tellement apparent, qu'on serait tenté de s'y laisser prendre! Eh bien! mes amis, un simple exemple se présente, et je crois qu'il vous fera voir que tout ce qu'on vous a dit jusqu'ici n'a été que des boursoufflures manifestes, bonnes à vous fasciner les yeux, et à pervertir l'opinion publique. Vous savez qu'on donne ordinairement quatre chevaux à conduire à un postillon; il arrive à sa destination sans accident; pourquoi? parce qu'il a l'habitude de les diriger. Essayez de lui en donner seulement dix d'humeur et de caractère très divers, vous verrez les malheurs qui arriveront et les victimes qui périront dans cet affreux pêle-mêle.

Je vous ai démontré les difficultés, ou presque l'impossibilité de faire marcher l'association pour une seule fabrique, et l'on vient nous dire qu'il faut tendre à l'association universelle! mais cela seul serait fait pour faire croire que ces grands réformateurs sont les plus grands fous du monde, s'ils sont sincères, ou de grands misérables s'ils nous prêchent leurs théories sans y croire. Je ne serai pas long, mes amis, pour vous démontrer l'absurdité de ce projet, si fort au-dessus des forces de l'homme, et que Dieu seul pourrait exécuter. Je me trompe, le grand maître du socialisme a osé dire qu'il se chargeait de remplacer Dieu, et l'a dit très modestement.

Voici encore ce qui arriva au maréchal Bujeaud, sur les essais de travail en commun qu'il fit en Afrique; il fut obligé de dissoudre l'association de trois villages militaires, parce qu'il n'y avait pas d'émulation, et qu'on ne travaillait pas. Ce furent les soldats associés qui demandèrent, avec instance, qu'on établît le travail chacun pour soi, et ils donnèrent pour cela de fort bonnes raisons au gouverneur : *nous nous mettons au niveau des paresseux, et c'est pour cela que nous perdons notre récolte.* Eh bien! croyez-vous que si une centaine de soldats n'ont pu rester associés, il serait facile d'associer le genre humain? Figurez-vous donc les paysans français travaillant en commun avec les paysans de l'Irlande ou de l'Ecosse; ces bons paysans comprendront-ils, et s'ils le comprennent, croyez-vous qu'ils travailleront quand ils sauront qu'ils doivent partager, si besoin est, avec un cosaque ou un castillan?

Supposons que notre récolte soit mauvaise, et qu'elle soit bonne en Allemagne ou en Russie, pensez-vous que les cultivateurs de ces deux puissances consentiront facilement à nous envoyer une part de leur froment? Mais qui réglerait cette part proportionnelle qu'un peuple devrait envoyer à l'autre, ou à plusieurs autres? vous comprenez bien qu'il n'y a qu'un despote absolu qui pourrait la régler, et il faudrait qu'il fût bien habile, bien clairvoyant pour faire ainsi la balance des besoins et des excédants de chaque peuple ou fraction de peuple. Il ne faudrait pas seulement qu'il répartît les produits en tout genre ; il faudrait qu'il dirigeât la production sur la surface entière du globe, car personne ne possédant rien et le gouvernement tout, il serait chargé de la direction de tout. Aucun homme ne pourrait se mouvoir s'il n'en avait reçu l'ordre ; et ce sont les hommes qui s'intitulent les grands amis de la liberté, qui nous prêchent un despotisme par lequel l'homme serait ravalé, non pas au niveau des animaux des forêts, car ceux-là jouissent à peu près de leur liberté d'action, mais au niveau des animaux domestiques.

Croyez-moi, mes amis, n'écoutons pas des hommes qui voudraient nous faire descendre au-dessous de la brute ; car, avec leur système, nous serions obligés de travailler, de manger, de reposer, de dormir à la même heure et le même nombre d'heures ; ceci est bien clair : puisque nous serions tous associés, il faudrait que chacun apportât la même quantité de travail à l'association, pour avoir un droit égal au produit. Je vous prie de remarquer qu'on a doté ce régime du nom d'égalité.

Je sais bien que plusieurs de mes confrères me diront que je veux renverser, une à une, toutes les théories sur lesquelles on veut fonder le bonheur du peuple ; mais du moins on dira qu'on nous accorde le droit au travail, car, dans une société bien organisée, il doit exister. Dès-lors, mes amis, je vous répondrai : qu'est-ce que vous entendez par là? est-ce le droit de travailler? qui vous en empêche? est-ce qu'il y a quelque loi qui vous interdise d'employer votre activité quand vous le voulez et comme vous le voulez? Prenez-en donc à votre aise : vous ne verrez jamais personne qui se permette de vous en empêcher. Il est vrai que le gouvernement provisoire, dans son décret du cinq mars, l'avait promis. Eh bien, mes amis, je dis que tout ce qu'il a promis ou décrété ne s'est réalisé, excepté pourtant les quarante-cinq centimes. Mais qu'est-il arrivé de tout le reste de ces pompeuses promesses? l'impossibilité ou le danger de l'exécution a conduit l'Assemblée constituante à défaire tout ce que le gouvernement provisoire avait fait.

Nous voulons le droit au travail, dites-vous. Mes amis, le peuple est bien fort, mais fût-il encore plus fort, il ne ferait pas qu'une chose impossible fût réalisable. Le gouvernement provisoire a essayé du droit au travail; tout ce qu'il a pu faire avec la puissance absolue qu'il avait en main, ce fut d'amener des ouvriers vaillants ou fainéants sur des travaux de terrassements qu'ils n'ont pas fait, mais pour lesquels on a bien payé. Certains d'entre eux, s'ils n'ont pas fait ces travaux, ce n'est pas parce qu'ils les jugeaient à peu près inutiles, c'est parce qu'ils prétendaient que l'État devait les nourrir sans rien faire.

Vous rappelez-vous ce qui se faisait dans ces ateliers nationaux? ce n'est pas que je vous blâme, mes amis, non, car on vous avait fait croire que l'Etat devait vous nourrir; trompeuse flatterie qui ne tendait qu'à vous faire servir de marche-pied pour les faire arriver au pouvoir. Dès-lors on jouait au bouchon ou aux cartes; on fumait la pipe ou le cigarre, on formait des clubs en plein vent, où se discutaient les grands intérêts de l'Etat; et qui payait tout cela? le grand et le petit propriétaire.

Voilà tout ce que le gouvernement provisoire a su imaginer pour l'exécution de son fameux décret. Mais, dites-moi, est-ce qu'il n'y a par hasard que des hommes qui manient la pioche en France? non, car on compte des états par millers, depuis l'épingle jusqu'à la machine à vapeur; depuis la fabrication du lin le plus grossier jusqu'à la soie la plus belle; et les autres métiers? combien y en a-t-il? à l'infini. Eh bien! si le droit au travail était dans la loi, le gouvernement serait tenu de donner du travail à tous les ouvriers, quand une crise commerciale forcerait les fabriques et les ateliers à se fermer.

Nous savons malheureusement qu'il y a eu beaucoup d'ouvriers sur le pavé. Eh bien! votre imagination a-t-elle jamais pu comprendre comment un gouvernement, lors même qu'il aurait l'argent nécessaire, pourrait donner du travail à un si grand nombre d'ouvriers de métiers si divers? D'abord il faudrait qu'il eût une grande armée d'agents pour diriger les travaux, et, en les supposant tous très habiles, ils n'en viendraient pas à bout.

Maintenant, que ferait l'Etat des produits, s'il ne trouvait pas à les vendre? car, s'il y avait eu des débouchés après la révolution, les fabriques ordinaires auraient continué de travailler, et l'on ne serait pas venu nous parler du droit au travail, tout le monde ayant été occupé. L'Etat mettrait-il les objets fabriqués par le droit au travail dans de grands magasins? Mais alors il y aurait bientôt encombrement, en supposant que les ouvriers travaillent, ce qui n'est pas probable ? Il est donc reconnu que, s'il gardait les objets fabriqués, il en résulterait une crise qui, au lieu de durer deux ou trois mois, durerait une ou plusieurs années.

Mais je m'égare, mes amis, l'encombrement ne serait pas si grand que je le supposais, car le droit au travail ne pourrait pas avoir satisfaction pendant trois mois. Où prendrait-on de l'argent pour solder toutes les industries diverses? chez les riches, disent les démagogues; soit: prenons-leur tout, et il en résultera que dans trois mois tout sera fini. Dès-lors les riches ne consommeront plus, et les produits resteront en magasin : avec un tel système on serait obligé de brûler, sur la place publique, tout ce que produirait le droit au travail.

Quel est le socialiste qui prouvera que le capital se renouvellera, comme il le fait ordinairement par la vente? et la fortune des riches étant, comme je l'ai dit, bientôt épuisée, aucun n'osera l'avancer ; car on serait bien obligé de s'arrêter malgré la loi et la force du peuple souverain. Que deviendraient alors ces pauvres pères de famille abusés par les réformateurs politiques? Les riches n'ayant plus rien, où prendrait-on de quoi satisfaire à leurs besoins et à ceux de leurs enfants? Dès-lors, il faudrait s'emparer de la terre, des maisons ; vivrait-on longtemps avec cela? Non, car vous savez que la terre ne produit qu'avec de grands travaux, et qu'il faut attendre au moins six mois pour obtenir une récolte quelconque. Pillera-t-on les paysans après avoir ruiné les riches? Un moment, mes amis, vous savez bien que les paysans sont plus nombreux, et au moins aussi vigoureux que nous ouvriers des villes; ils défendront leurs denrées et nous aurons la guerre civile ; voilà où nous conduirait inévitablement le droit au travail. Je n'ai fait qu'ébaucher le sujet, mais j'en ai dit assez ; votre esprit, et surtout votre cœur, me comprendront. N'est-ce pas, mes amis, vous ne voulez pas ruiner le riche, et vous voulez encore moins de la guerre civile.

On me dira, non, nous ne voulons pas tout cela; mais on nous a dit qu'il y avait des moyens pour faire que la richesse fût mieux répartie, et qu'on ne vît pas de misérables à côté de gens opulents. Je vous ai déjà fait voir comment venait la richesse; vous ne l'avez pas oublié; elle est la fille du travail, elle n'a pas d'autre origine, et c'est par le travail qu'elle se répartit de la manière la plus équitable. Je ne connais rien qui puisse faire cesser tous les maux; il y aura toujours des pauvres et des riches; il n'y aura donc jamais d'égalité absolue. C'est une chimère qu'il ne faut pas poursuivre, car, en la poursuivant, on ferait disparaître le bien qui existe et on aggraverait le mal; mais il y a des moyens d'améliorer la position de toutes les classes; je vais tâcher de vous en indiquer quelques-uns.

Vous savez que je n'ai pas la prétention de réaliser la chimère de l'égalité et de la richesse pour tous. Je veux seulement aller jusqu'à la limite de ce qui est possible, si je sais le reconnaître. Le premier, le plus grand de tous les moyens d'améliorer le sort du peuple, c'est de le moraliser et de lui donner de la raison; c'est de lui faire connaître que depuis un siècle on s'est constamment appliqué à détruire chez lui les croyances religieuses, le respect de l'autorité qui représente la loi, les biens de la famille, l'amour et le respect des parents; en un mot, on lui a appris à mépriser tout ce qui est honnête et sacré. En même temps qu'on détruisait ces sublimes doctrines, on lui enseignait des droits pour la plupart chimériques ou dangereux, et on ne lui parlait jamais de ses devoirs envers la société; on lui donnait des appétits, des passions, qu'aucune forme de gouvernement ne pourra jamais satisfaire. Le plus grand service qu'on puisse nous rendre, mes amis, c'est de nous ramener à la religion, au sentiment qui font le bonheur et la prospérité des familles; il faut aussi qu'on nous enseigne à régler nos désirs et notre ambition, sur la mesure du possible; en un mot, il faut qu'on dissipe de nos esprits toutes les erreurs, toutes les illusions que les démagogues et les socialistes y ont accumulées; sans cela, mes amis, le peuple, tourmenté par des idées irréalisables, ne sera jamais heureux.

Les misères que l'on signale dans les villes, et surtout dans les grandes, sont principalement dues à la vie peu régulière, peu morale des ouvriers; et, ici, permettez-moi de dire toute ma pensée. S'ils étaient gouvernés par l'esprit de sagesse, par les vrais sentiments de la famille, ils seraient bien rarement en souffrance. Pour bien vous le faire comprendre, je compare le salaire de l'ouvrier de la ville à celui de la compagne. L'ouvrier de Paris, par exemple, gagne, en moyenne de 3 à 4 fr. par jour, pendant que l'ouvrier des champs ne gagne, dans la plupart de nos provinces; que 1 fr. pendant les trois quarts de l'année, et 1 fr. 25 cent. pendant la saison des récoltes. Si le premier était économe, s'il n'allait pas au cabaret le dimanche, le lundi et quelquefois le mardi, pas un ne me démentira, il serait beaucoup plus heureux qu'il ne l'est. Croyez-vous que s'il vivait comme en province, il ne pourrait pas faire des économies, qui, accumulées pendant dix ou quinze ans, lui formeraient un capital avec lequel il pourrait s'établir à son tour? Ceci n'est pas une invention fabuleuse : la plupart des maîtres et même des gros fabriquants sont arrivés à se faire une modeste aisance comme cela. Mais, on me dira : tous les ouvriers ne peuvent pas le devenir? C'est vrai, il y en aurait trop; mais ceux qui ne pourraient pas le devenir dans leur industrie, placeraient leurs économies à la caisse d'épargne ou ailleurs, et sur leurs vieux jours, quand ils ne pourraient plus travailler, ils auraient une honnête existence. Vous m'objecterez peut-être encore que les chômages provenant des crises commerciales les forceraient à consommer leurs économies? Non, jamais le chômage n'absorberait toute leur réserve, parce que les crises commerciales et industrielles n'arrivent que de loin en loin, tandis que l'économie est de tous les jours.

Croyez-vous, mes amis, que les chômages ne seraient pas plus rares, si les ouvriers savaient se retenir dans certaines bornes? Par exemple, si, au lieu de faire des émeutes, ils respectaient les lois, et qu'ils eussent la patience d'attendre tout de la puissance du suffrage universel; s'ils voulaient comprendre que le seul moyen raisonnable et sans danger, consiste à nommer des hommes honnêtes et modérés, qui aient un cœur fait pour faire le bonheur de toutes les classes en général. Le peuple est roi, qu'il fasse comme les rois ; quand ceux-ci sont mécontents de leurs ministres, ils les changent. Les représentants sont aujourd'hui les ministres du peuple : si le contraire a lieu, et qu'une insurrection éclate, soyez assurés qu'ils travailleront contre eux-mêmes et contre la société.

Mais revenons à l'ouvrier de la campagne : il ne gagne que vingt ou vingt-cinq sous par jour ; il trouve avec cela les moyens de vivre, et, s'il est sage, il fait même quelque économie. Vous en avez connu, j'en suis sûr, qui, de simples manouvriers, sont arrivés avec beaucoup d'ordre à acheter un petit bien, sur lequel ils ont fait construire une petite habitation, pour s'y loger eux et leur famille.

Si l'ouvrier de la ville était aussi actif, aussi sage, aussi modéré dans ses goûts, il arriverait à l'aisance beaucoup plus vite que celui des champs, parce qu'il gagne des salaires beaucoup plus élevés, et qu'en faisant la part des dépenses, plus fortes à la ville qu'à la campagne, il lui resterait encore plus qu'à l'ouvrier des champs. La preuve que je dis vrai, c'est que l'un ne fait rien les trois quarts de la semaine et qu'il se procure d'autres jouissances parfaitement inconnues de l'autre. Ainsi; il n'y a pas à en douter, la plus grande source de l'aisance et du bonheur des peuples des villes, est dans la morale, qui conduit à une vie régulière et économe.

Ici, mes amis, je ne crains pas de le dire, et je crois que ce que j'avance se réalisera: L'Assemblée législative doit s'attacher à moraliser le peuple, et éclairer sa raison; mais ce remède sera lent, on ne détruira pas tout de suite les erreurs qui tourmentent les imaginations malades; il faut donc croire qu'on fera autre chose qui, en améliorant un peu le présent, calmera notre esprit, et nous permettra d'attendre les résultats du remède souverain dont je viens de parler.

Il faut donc étendre, multiplier les institutions de prévoyance et de bienfaisance. Il ne faut pas seulement que le gouvernement s'en mêle, il faut aussi que les chefs de fabrique, les grands propriétaires créent des institutions pareilles pour garantir des secours aux vieillards et aux infirmes. Des institutions de ce genre existent déjà dans quelques fabriques, où les ouvriers à l'âge de cinquante ans sont assurés d'une pension de quatre à cinq cents francs. Vous comprenez que la bienfaisance des riches ne suffirait pas pour doter convenablement ces institutions; il faut que les travailleurs y concourent par un léger sacrifice. Voilà ce que je voudrais voir établir dans toute la France et dans toutes les fabriques de quelque importance. Il est facile de comprendre qu'alors les révolutions seraient bien rares; les socialistes auraient beau prêcher, leurs paroles se perdraient dans l'écho des déserts, parce que les ouvriers comprendraient très bien qu'une révolution ferait disparaître les caisses sur lesquelles sont fondées les espérances de leurs vieux jours.

Ouvriers industrieux, proposez à vos patrons d'établir de telles institutions; engagez-vous à verser dans cette caisse commune l'obole de réserve que vous pouvez faire dans la semaine, et soyez assurés qu'ils accueilleront vos propositions avec empressement.

Joignons à cela toutes les institutions possibles de charité : il y en a déjà beaucoup, quoi qu'en disent les démagogues; la charité est grande en France. Etendons-la, si nous pouvons; augmentons les hôpitaux, les salles d'asile, les crêches, etc., etc., car c'est là où nos enfants reçoivent les premières notions de la religion; mais faisons-le cependant avec prudence, car l'excès du bien engendre quelquefois le mal. Prenons garde de donner des primes à l'imprévoyance, à la prodigalité, au vice; prenons garde que l'homme, comptant trop sur les secours de la société, ne compte pas assez sur lui-même. Dans cet ordre d'idées, je préfère les institutions de prévoyance, alimentées en partie par un prélèvement sur le travail, aux institutions de charité.

Les premières peuvent s'étendre indéfiniment sans danger ; les secondes, trop étendues, auraient de grands inconvénients.

Je ne connais aucun autre remède, mes amis, cependant il y a longtemps que j'en cherche, avec le plus vif désir d'en trouver ; car, j'aime le peuple avec passion, parce que j'en suis. Il est vrai que je n'aime pas moins les riches, je les confonds avec les autres dans mon cœur, atttendu que, pour moi, le peuple c'est tout le monde ; c'est une grande association de frères qui s'entraident mutuellement et dont les intérêts sont parfaitement liés ; bien aveugles ou bien pervers sont ceux qui, ne voyant pas cette communauté, cherchent à mettre les diverses classes de la société en guerre les unes contre les autres !

Vous trouverez, peut-être, mes amis, que

mes paroles sont bien peu de chose ; c'est vrai, si vous les comparez surtout aux promesses trompeuses que l'on vous a faites; mais vous reconnaîtrez avant peu, j'en suis sûr, qu'elles ont mille fois plus de puissance que les théories du socialisme. Que dis-je? dans celles-ci il n'y a que du mal, et si dans les moyens que j'indique il n'y a pas tout le bien désirable, il y en a du moins beaucoup. Jusqu'ici je n'ai trouvé que cela de possible ; je désire ardemment que d'autres soient plus heureux que moi.

Pendant que les révolutionnaires de toutes les nuances emploient toute leur ardeur à propager leurs détestables doctrines, les hommes honnêtes et éclairés doivent chercher les moyens réels d'améliorer le sort des classes pauvres. Oui, mes amis, les imaginations sont en travail, il en sortira certainement quelque chose de bon, et je m'empresserai de m'y rallier ; j'espère qu'il en sera ainsi de beaucoup d'entre vous. Ne sentez-vous pas un baume descendre dans votre cœur, et ne dites-vous pas en vous-même : on fera quelque chose pour nous ?

Je sais bien qu'on vous a bercés longtemps de l'espoir de voir tout le monde également riche et également pauvre. Il peut y avoir encore quelque chose à faire que je n'ai pas imaginé, comme je vous l'ai dit plus haut, mais quoi qu'on fasse on ne trouvera jamais la réalisation des rêves socialistes. Que voulez-vous qu'on fasse pour nous, puisque c'est nous qui faisons tout? nous ne sommes pas seulement souverains politiques, nous sommes encore le roi du travail ; or, vous le savez, c'est de là que vient toute fortune. Où pourrait-on la prendre ailleurs pour nous la donner et qui nous la donnerait? si cette fortune indépendante du travail existait, nous n'aurions pas besoin qu'on nous la donnât : nous la prendrions, car nous sommes tout puissants. Savez-vous ce que peut faire un bon gouvernement? c'est de bien administrer le peuple au moyen des impôts qu'il consent à lui donner; s'il voulait faire autrement, il ne pourrait y parvenir qu'en prenant dans la poche droite du peuple pour mettre dans sa poche gauche. Avec l'impôt, le gouvernement, s'il est habile, favorise le travail en multipliant et en améliorant les voies de communication par terre et par eau; en créant des ports, en faisant de bonnes lois de douanes et de bons traités de commerce qui multiplient nos relations avec les autres peuples, et surtout en encourageant l'agriculture, base essentielle sur laquelle repose l'avenir de notre chère patrie; enfin, il maintient l'ordre, qui est le patron et le protecteur du travail.

Il y a de bonnes gens qui s'imaginent que l'ordre n'a été inventé que pour protéger les riches; c'est là, mes amis, une grave erreur; l'ordre est encore plus nécessaire aux simples travailleurs qu'aux chefs du travail; nous l'avons vu dans les années qui viennent de s'écouler. Dites-moi si le désordre n'a pas rendu plusieurs d'entre nous oisifs et malheureux? Les riches ont perdu aussi, et beaucoup; cependant ils n'ont pas souffert matériellement parce qu'ils avaient des avances; mais nous, pauvres ouvriers, dont la famille vit avec le salaire de chaque jour, nous avons été forcés de nous imposer de rudes privations.

Je vous ai dit plus haut qu'avec une éducation plus morale on rendrait le peuple plus heureux. Il y a encore une autre source de bonheur; elle est vaste et presque intarissable; je la regarde depuis longtemps comme un des plus grands moyens propres à guérir les maux de la société : c'est l'agriculture; elle peut occuper deux ou trois fois autant de bras que ceux qu'elle a, et le sol de la France exploité avec intelligence par ces bras multipliés, nourrirait trois nations comme la nôtre, c'est-à-dire cent millions d'individus. Remarquez, par exemple, une métairie cultivée par un travail dur et assidu, et dites-moi si elle ne rapporte pas beaucoup plus que celle qui l'est avec indolence et découragement? Maintenant comparez ces petites propriétés à ces grands espaces si mal cultivés qu'on remarque en traversant le Limousin, le Périgord, la Sologne, la Creuse et tant d'autres terrains que l'on ne cultive pas ou que l'on cultive mal parce qu'on manque de bras, et vous comprendrez l'immensité du travail et des salaires qu'on peut trouver sur le sol.

Je gémis, mes amis, lorsque je vois dans nos grandes villes de si grosses masses de population se promener sans rien faire, même les jours de travail, pendant que dans le champs on voit une solitude affligeante, sauf dans les environs des grandes villes; la plupart des travaux restent à faire, et ceux que l'on pratique sont très imparfaits. Il y a là une mine bien riche à exploiter au profit du bonheur et de la moralité de la nation. Consolez-vous donc un peu, car, en vous donnant une éducation plus raisonnable, vous ne croirez plus aux chimères socialistes, et vous apprécierez mieux la vie des champs. Au lieu d'aller vous entasser dans les grandes villes, vous resterez au village; vous comprendrez que, s'il y a un travail plus dur, un salaire moins élevé, il y a une vie plus assurée, plus libre, plus indépendante des crises politiques et financières.

Le paysan est moins riche dans une époque de trouble que dans les temps calmes, mais il ne souffre pas la faim et il peut attendre que l'ordre, ce grand bienfaiteur de l'humanité, se rétablisse. En attendant, il sème son blé et le voit croître, il soigne ses bestiaux et voit naître ses brebis. L'ouvrier de la ville, au contraire, quand le travail est suspendu, est livré à la misère et à la plus complète oisiveté. C'est alors que de méchants ambitieux s'emparent de lui, le poussent au désespoir et lui font faire une émeute dans laquelle bon nombre payent de leur sang l'élévation des tribuns qui les ont excités. Le lendemain, la masse du peuple est encore plus malheureuse, mais les charlatans sont au pouvoir. Ils font alors des phrases et des lois creuses, et comme ils sont bien casés, ils invitent à leur tour le peuple à l'ordre et à la patience. Oh! détestables trompeurs du peuple, que je vous hais et vous méprise!

Tout désordre social, mes amis, se ressent douloureusement dans les campagnes par la suspension du travail, l'avilissement du prix des denrées et un redoublement de misère. Lorsque le blé est à vil prix, le peuple meurt de faim. Plus que personne, les habitants de la campagne ont besoin de sécurité et de conservation. C'est pour cela que ce n'est pas en votre nom que l'on fait les révolutions; car sous les mots séduisants que les révolutionnaires ont employés pour vous éblouir, il y a le désordre, la destruction et la misère; sous ces mots, il y a la guerre civile, c'est-à-dire la désolation, la douleur et l'épouvante.

O, mes amis, ne jouons pas avec la vie, avec la mort! respectons ce que Dieu a donné aux autres, si vous voulez que les autres respectent ce que Dieu vous a déjà donné, et ce qu'il donnera dans l'avenir à vos familles.

Oui, peuple des campagnes, classe laborieuse et patiente, vouée aux rudes travaux de la terre, vous qui représentez aujourd'hui l'élément de durée, de stabilité, d'ordre et de paix; par le suffrage universel vous êtes appelés à de grandes destinées.

C'est en vous surtout que je vois les vrais défenseurs du sol, les vrais défenseurs de la propriété menacée.

A qui en réalité appartient l'avenir de la France? Entre les mains de qui est la propriété? Entre vos mains, peuple laborieux et infatigable! Vous êtes vingt-cinq millions qui plantez tous les jours votre aiguillon dans le sol, en disant : il est à moi.

La propriété, qui appelle-t-elle, à qui tend-elle la main? A vous, hommes sages et économes, qui chaque jour vous vous élancez dans ses bras.

On nous dit : s'il n'y avait pas de riches, il n'y aurait pas de pauvres; c'est un mensonge! S'il n'y avait pas de riches dans la société, il n'y aurait que des pauvres.

Je vous l'ai démontré plus haut, que c'était J.-C. qui avait prononcé ces paroles formelles : il y aura toujours des pauvres parmi vous.

Nous devons au riche, comme le riche nous doit; et le socialisme, qui excite celui qui ne possède pas contre celui qui possède, est la destruction de tous les devoirs et en même temps celle de tous les droits; dès qu'on aurait touché à la propriété du riche, qui n'est que la forme extérieure de l'exercice de sa liberté, on toucherait à la propriété du pauvre. Après avoir pillé le riche, si le socialisme arrive au pauvre, s'il le fait esclave, s'il viole sa liberté, s'il le dégrade par la misère, au nom de quel droit le pauvre viendra-t-il protester contre les violences qui lui seront faites? En violant le droit d'autrui, il aura abdiqué le sien : toute spoliation en appelle une autre; c'est pour cela que je vous répète de ne pas écouter ces hommes qui exaltent notre esprit et qui nous poussent au mépris du droit des autres. Souvenez-vous toujours de ce précepte admirable de l'Evangile, qui est tombé de la bouche même de l'homme-Dieu.

La loi vous dit : ne faites pas aux autres ce que vous ne voudriez pas qu'il vous fût fait.

Et moi je vous dis : faites aux autres ce que vous voudriez que les autres fissent pour vous.

Voilà la véritable loi de justice et de fraternité; le premier, le plus grand devoir, celui qui comprend tous les autres.

De ce que je viens de vous dire, mes amis, vous devez comprendre que le socialisme, qui, en réalité, n'est que la négation du droit, est autant l'ennemi du pauvre que du riche, et qu'il menace autant la petite propriété que la grande; car lorsque le bûcheron a abattu les grands arbres de la forêt, il faut bien qu'il abatte les moins beaux; s'il commence par les plus gros, il finit par les plus petits : une fois la hâche levée, tout doit tomber sous la hâche.

Le roseau insulte le chêne que la tempête déracine et respecte l'arbrisseau, lui qui ploie, debout et intact; mais le plus faible enfant qui passe l'a bientôt brisé dans ses faibles mains! Le chêne, c'est le riche; le roseau, c'est le pauvre.

Le riche est le rempart qui protége le faible; dans une société, dès qu'il n'y a plus de forts pour résister, les faibles sont à l'instant broyés comme le grain que l'on met sous la meule. Tous les grains de blé possible n'ébranleront jamais la meule ; mettez-y une pierre, et la meule s'arrêtera ou sortira de ses gonds.

Les grandes fortunes sont comme des réservoirs, d'où découle la richesse publique. Je compare la richesse à ces grands lacs que Dieu a placés au sein des montagnes, et dont l'eau, qui en sort par cascade, sert à alimenter les fleuves qui fertilisent nos campagnes. Tarissez ces lacs, et vous verrez bientôt ces fleuves à sec. Faites disparaître les grandes fortunes par la spoliation et le nivellement, loin d'en éprouver du bien, vous en sentirez un redoublement de privation, de gêne et de misère. N'envions donc pas le sort de ceux que la Providence a placés au-dessus de nous ; pensons que malheureusement nous en avons au-dessous.

Je dis donc que le socialisme dépouille, il est vrai, le riche le premier ; mais l'heure d'après, il dépouille aussi impitoyablement le pauvre, en lui ravissant sa liberté, qui est son seul bien, son seul espoir, son seul moyen de lutter contre la misère; il le plonge par le fait dans un état de délaissement moral et physique, en lui ôtant toute possibilité de s'élever à une position meilleure.

J'affirme donc, mes amis, qu'en prenant la propriété du riche, le socialisme fermerait sur le pauvre la porte de la propriété.

Allons plus loin : mettez en présence deux hommes qui n'ont rien que leur force, leur bras, leur intelligence; celui-ci est plus fort, plus intelligent que l'autre, il aura donc trop encore vis-à-vis de son voisin qui est moins fort, moins intelligent que lui. C'est donc à Dieu et non aux hommes qu'il faudrait s'en prendre; car c'est lui qui les a créés inégaux en force et en esprit.

Voilà où nous mènerait cette égalité sociale que quelques esprits pervers ou égarés voudraient établir; voilà dans quel abîme d'inconséquence et de désordre nous ferait descendre, celui qui ment ainsi à Dieu et aux hommes.

Mais, mes amis, ne nous abandonnons pas, si nous ne voulons pas que Dieu nous abandonne; si le socialisme est à nos portes, il ne tient qu'à nous de le recevoir ou de le repousser. Nous avons en nous deux moyens pour combattre cet ennemi de la société; ces moyens sont : la force morale et la force légale; c'est-à-dire le mépris et le suffrage universel.

Quelques révolutions que l'on fasse, le suffrage universel, qui est le droit, sera toujours le droit, le vrai sera toujours le vrai, le bien sera toujours le bien, comme la nuit sera toujours la nuit. L'homme ne peut pas changer la nature intime des choses. Si le gouvernement décrétait un jour que le peuple français ne reconnaît pas l'existence de Dieu, Dieu cesserait-il d'exister pour cela?

Il en est de même du droit, il existe et il existera malgré les dénégations de certains hommes; on peut le violer, mais on ne peut pas l'abolir. Quel est l'homme qui serait assez insensé pour prétendre éteindre la vie au sein de l'univers? Le droit, c'est la vie dans l'ordre social.

Comme je vous l'ai déjà dit, un des caractères essentiels de la vérité, est d'être immuable et de ne pas subir les modifications du temps. La vérité d'hier est la vérité de demain; l'homme passe, les siècles s'écoulent, les sociétés s'éloignent, les formes politiques changent, mais la vérité reste toujours la même dans son éternelle jeunesse.

Mais il est des époques où la vérité se voile et semble disparaître du monde.

Sachez, mes amis, que nous sommes tous solidaires, que nous sommes responsables les uns des autres. Notre premier devoir ici-bas est de défendre le droit et de le protéger contre les violences.

Si nous cédons le pas au désordre, si nous livrons la France au mal, si nous laissons cette nation si grande, si noble, si riche, si belle, devenir la dernière des nations; si nous tombons si bas, que l'étranger siffle sur nos ruines, ce sera notre faute à tous. Oui, ce sera votre faute, à vous ouvriers des villes et des campagnes; parce que vous êtes les premiers soldats de l'ordre, du droit, de la vérité; parce que vous tenez dans vos mains la mort et la vie; Dieu vous laisse la liberté de choisir.

Malheur, malheur si vous prenez la mort! nous serons tous enveloppés dans le même châtiment; les uns pour avoir fait le mal, les autres pour l'avoir laissé faire. Le souffle de Dieu nous emportera comme cette paille aride et sèche que le vent chasse devant lui.

Mais, non, mes amis, vous choisirez la vie. Vous jetterez de côté ces doctrines menteuses qui vous disent de prendre et jamais de donner. Rappelez-vous que l'on ne s'enrichit pas en prenant le bien des autres. Si la justice humaine ne vous frappe pas, l'œil de Dieu vous poursuivra toujours, et sa main saura vous saisir et vous atteindre.

Il faut donner pour recevoir ; il faut aimer pour être aimé. La société ne vit que par le sacrifice, que par un dévouement réciproque. Malheur à celui qui ne donne pas ! malheur à celui qui n'aime pas ! ce n'est pas un enfant des hommes ; l'humanité le renie et Dieu ne le reconnaîtra pas : qu'est-ce que la vie sans le sacrifice ?

Mes amis, vous aimez la France, et la France vous aime ; pour prix de cet amour chaque jour elle se donne à vous, chaque jour vous pressez sa forte mamelle ; creusez donc dans votre âme et réveillez-y ce feu que vous ne devez jamais laisser éteindre : l'amour de la patrie, cet amour qui engendre le dévouement, cet amour qui aujourd'hui peut seul sauver la France !

Au nom de vos enfants, choisissez donc la vie! rapportez à cette société vieillie une chaleur nouvelle, une vertu nouvelle; retrempez-la dans votre jeunesse virginale, dans votre sève puissante, dans ce sentiment du bien, du vrai, du droit, du juste, qui ne saurait périr en vous, et qu'on n'effacera jamais de vos âmes.

Mes amis, nous qui représentons une triple force pour la France, les paroles que je vous ai fait entendre seront, j'espère, bien accueillies.

Je ne vous ai pas jeté de vaines phrases, je vous ai offert des faits positifs, des chiffres, des exemples pratiques. Je ne vous ai point parlé un langage de parti; en fait d'ennemis, je ne connais que les ennemis de tout ordre social, et c'est un devoir de les combattre. Ils pourront calomnier auprès de vous cet écrit, car la vérité les gêne : vous jugerez leurs attaques.

Je ne me suis pas fait votre flatteur; les

flatteurs ne valent pas mieux pour les peuples que pour les rois. Je ne vous ai pas dit : vous êtes tout, et les autres ne sont rien ; car je ne cherche pas à exalter vos esprits, à semer la jalousie et la haine parmi les fils d'une même mère.

Cette mère, c'est la patrie ; la patrie qui apprécie tous les services que lui rendent ses enfants, chacun selon son état et ses moyens ; la patrie qui veut les voir se donner la main et se confondre dans un même sentiment d'amour.

Qu'est-ce que le Peuple dans le large et vrai sens du mot?

Le Peuple, c'est la réunion de tous les Français.

Ce n'est pas ici un terme d'exclusion :

Le Peuple, c'est le suffrage universel, que les anarchistes maudissent toutes les fois qu'il leur est contraire !

FIN.